Paraíso e naufrágio

VERSALETE

Massimo Cacciari
Paraíso e naufrágio
Ensaio sobre «O homem sem qualidades», de Musil
Paradiso e Naufragio

© Editora Âyiné, 2022
© Giulio Einaudi editore s.p.a., Torino, 2022

Tradução **Wander de Melo Miranda**
Edição **Julia Bussius**
Preparação **Pedro Fonseca**
Revisão **Tamara Sender, Andrea Stahel**
Projeto gráfico **Violaine Cadinot**
Produção gráfica **Daniella Domingues**

ISBN 978-65-5998-056-7

Âyiné

Direção editorial **Pedro Fonseca**
Coordenação editorial **Luísa Rabello**
Direção de arte **Daniella Domingues**
Coordenação de comunicação **Clara Dias**
Assistente de comunicação **Ana Carolina Romero, Carolina Casesse**
Assistente de design **Lila Bittencourt**
Conselho editorial **Simone Cristoforetti, Zuane Fabbris, Lucas Mendes**

Praça Carlos Chagas, 49. 2º andar. Belo Horizonte 30170-140
+55 31 3291-4164
www.ayine.com.br | info@ayine.com.br

MASSIMO CACCIARI

Paraíso e naufrágio
Ensaio sobre
«O homem sem qualidades», de Musil

Tradução
Wander de Melo Miranda

Âyiné

SUMÁRIO

De Törless a Ulrich	7
O homem estatístico	21
A «decisão» ensaística	33
Os criminosos	41
Fragmentos de vida ofendida e infeliz I	51
Fragmentos de vida ofendida e infeliz II	65
Fragmentos de vida ofendida e infeliz III	73
Fragmentos de vida ofendida e infeliz IV	81
Uni-duidade do sentimento	91
Paraíso perdido	99
Metáfora e analogia	107
Mística e analogia	115
O amor dos Gêmeos	121

DE TÖRLESS A ULRICH

«*Ich kann nicht weiter.* Não aguento mais.»[1] Atormentado, às voltas com a última parte do romance, assim Musil intitula a página de seu quase-testamento. A miserável situação econômica que o obriga a consentir com a publicação de um segundo volume («Não era rico e agora não sou pobre, mas *unter-arm*, subpobre», *Diari*, p. 1578) é metáfora a seus próprios olhos de uma dificuldade radical em *completar* a obra, de uma aporia intransponível com a qual depara ao levar a termo o que havia pensado. Continua a trabalhar nela sempre com a mais lúcida consciência de seu extraordinário valor e, no entanto, «como

---

1. Robert Musil, *Diari 1899-1941*, org. de A. Frisé, introd. e trad. de E. De Angelis, 2 v. Turim: Einaudi, 1980, p. 1586 (de agora em diante *Diari*). Cito pela edição italiana onde for possível, para comodidade do leitor, mas todas as traduções foram revistas por mim. [Todas as notas são do autor, salvo quando sinalizado de modo diferente. (N. E.)]

alguém que avança por uma ponte já caída».[2] O naufrágio da obra é assinalado — e é como o naufrágio de um navio em mar aberto (*Diari*, p. 1585), distante do destino. No entanto, é justamente na compreensão das *dificuldades últimas* da sua «navegação» que deve consistir a interpretação de *O homem sem qualidades*. O paradoxo dessa obra é expresso de forma lapidar na carta citada: uma ponte é o que ela parece (e uma ponte existe para juntar margens *opostas*), ao longo da qual é necessário proceder, mesmo sabendo, no próprio proceder, que ela *já* caiu (ou seja, que sua *intenção* original, destinada a definir exatamente a possibilidade de junção de margens opostas, já se mostrou inviável). À luz dessa ideia deveríamos poder compreender na primeira parte do romance todas as *razões* pelas quais ele não pode realizar-se segundo as intenções de Musil — e mais, como ele não pode concluir senão com o próprio naufrágio. E, no entanto, a pesquisa daquela «ponte caída» constitui já o sentido do volume publicado em 1930: é o não dito que lhe orienta a estrutura inteira e que ele já perseguia em *Törless*, em *Encontros*, em *Três mulheres*. Podem desencanto e ironia, experimentação e ensaísmo representar momentos de um *itinerário ascético*

---

2. Carta a Franz Blei de 2 de agosto de 1933, em Robert Musil, *Saggi e lettere*, org. e introd. de B. Cetti Marinoni, 2 v. Turim: Einaudi, 1995, p. 766 (de agora em diante *Saggi*).

em direção aos «mundos do sentimento»? Dão-se instantes felizes, nos quais a «porta estreita» se escancara diante da geral «subversão» de todo valor, que parece conotar a totalidade da época,[3] até fazer vislumbrar, escatologicamente, a ideia do *Reino*? A impiedosa crítica que consiste em decidir, separar, julgar, pode encontrar, ao longo da própria e mesma via, um *contragolpe*, e transformar-se na história de novas «afinidades eletivas»? É possível re--*cor*-dar, trazer de volta ao coração da própria existência, aquela poesia, *Ísis e Osíris*, publicada em 1923[4] e que Musil indica dez anos depois quase como *Urzelle*, germe, célula originária do romance inteiro (*Diari*, p. 1252), depois da Ação paralela, ao termo da impiedosa ironia que dessa Ação narrou a destinada falência?[5]

---

3.   Id., *Bedenken eines Langsamen*, Gesammelte Werke, org. de A. Frisé, 9 v., Reinbek bei Hamburg: Rowolt, 1978, v. VIII, p. 1414.

4.   Id., *Gesammelte Werke*, op. cit., v. VI, p. 465.

5.   É possível sair de si mesmo, ser fora de si e partilhar os corpos sem tocar-se, «devorar-se» um ao outro de coração, *depois* de ter atravessado todos os desertos das «visões do mundo» e o exercício mais impiedoso da crítica e da ironia? Cf. Id., *Der Mann ohne Eigenschaften* (1930-1943) [trad. italiana *L'uomo senza qualità*, org. de A. Frisé, trad. e notas de A. Vigliani, pref. de G. Cusatelli, 2 v. Milão: Mondadori, 1992, v. II, p. 574, de agora em diante citado diretamente no texto com o número do volume, parte, capítulo e página entre parênteses].

Já com os capítulos publicados de *Rumo ao reino dos mil anos*, o tom do romance parece profundamente mudado: é um tom comovido, «*aufgeregt*» (II, III, XII, p. 145). De arma de vivissecção, o diálogo volta obstinadamente a procurar ser imagem de «sim-patia». Ao *dissolver* da ironia, dominante no primeiro volume, faz agora de contracanto paradoxal o *conjuga* dos «diálogos sacros» entre Ulrich e Agathe. Em nenhum caso, todavia, trata-se de reviravolta ou superação, uma vez que nem a ironia do primeiro volume era apenas dissolvente, nem aqui a arma do julgamento, como *Ur-theil*, ou seja, o que divide, analisa, o que só pode conhecer o diferente, se anula na experiência do amor. A história que não se pode narrar — que é a história para a qual foi narrado todo o narrável — é exatamente a da unidade das duas dimensões, do *Unum sumus*, e não do *Unum est*. Não ocorre, portanto, um símbolo verdadeiramente narrável. A potência do símbolo excede toda medida da narração. A narração não se reduz por isso à mera exposição da miséria da experiência do intelecto calculador-refletidor, de um lado, e do vazio anseio de sua superação, do outro. É o intelecto no seu próprio proceder que apresenta o problema da *vis imaginativa*. O Místico musiliano é inteiramente filosófico; seu problema se agita no íntimo das próprias páginas mais desesperadamente irônico-críticas.

Da tonalidade destas últimas é impossível sair mesmo nos instantes em que uma «*übermassige Klarheit*» (II, *Scritti inediti*, p. 1366) parece submergir tudo. Afinal, nenhuma «clareza imensa» pode eliminar aquela tremenda do julgamento, assim como nenhuma «força limitadora» («*die begrenzenden Kräfte*» contra a qual os Irmãos, Ulrich e Agathe, se obstinam) pode eliminar a exigência de vivente unidade, que transcende a capacidade de julgamento, mas é, no entanto, imanente à sua forma, justamente por ser forma, composição de elementos distintos, *Gestalt*. É esse o tema que, por meio do multiverso das suas figuras, da multiplicidade caleidoscópica das suas narrações e das suas reflexões, *O homem sem qualidades* expõe: a inseparabilidade dos absolutamente distintos, a afinidade que compõe o que parece incomensurável, privado de qualquer medida comum. Essa via é perseguida por Musil com paciente sistematicidade, sem jamais conceder-se «crer» na solução, «contornando» o problema mediante inúmeras, sutis variações, conduzidas com exatidão *musical*. Nenhuma palavra do romance parece surgir *i-mediata*. Toda intuição é submetida ao crivo da mais severa inteligência. O «cansaço» da narração de fato iguala aqui o do conceito — mais ainda, interroga os limites deste último, lhe coloca à prova o desencanto.

Por isso o protagonista, Ulrich, não poderia ser um simples diletante. Ele, *homem do possível*, não vagueia entre os possíveis. Tampouco é um especialista, claro, mesmo sendo um matemático, e um matemático de «profissão» — mas exatamente porque nenhuma linguagem disciplinar pode exprimir completamente a *aporia* que o chateia, aporia à qual chegou indagando, e indagando antes de tudo como cientista. Nem ele esconde certo orgulho por essa sua condição problemática (é Walter a figura do romance que mais compreende e sofre esse lado do caráter de Ulrich: I, II, CXVIII, p. 843). Em outras palavras, sua crítica ao especialismo não tem nada de diletantismo. Do especialismo ele denuncia a falta de forma: um especialista não acabará nunca de especializar-se, aliás: não poderá nunca nem mesmo conceber uma conclusão para a própria atividade («*die Vollendung ihrer Tätigkeit*», I, II, LIV, p. 291). Então, o especialista é algo indefinível, um exemplo de «mau infinito». O especialismo torna impossível a tarefa de afrontar sistematicamente a vida; hoje, depois, nem um Leibniz seria capaz disso (*ibid.*, p. 294)! Ulrich se coloca naquela difícil dimensão espiritual, comprimida entre a apologia da Técnica especializada e a negação dela em nome de um ideal de *Kultur*, ondulante entre classicismo, Romantik e entusiasmos revolucionários, dimensão que talvez apenas Max Weber, na época, havia conseguido definir e praticar com exatidão.

Larvatus prodeo: assim é Ulrich — e Musil brinca de multiplicar suas máscaras refletindo-o no espelho dos outros personagens. Um paradoxal confundir-se de exotismo moral infantil e cultivada inteligência, uma vaga e infundada nostalgia de aventura, sempre cheia, por assim dizer, «de possibilidade e nada» (I, II, XXIV, p. 173) — e nessa luz Ulrich é capturado por quem se lhe aproxima, assim ele se insinua nos seus temores, escava suas inquietações e angústias. Por isso todos reconhecem o perigo que ele representa. Porque ele «divaga» ao longo da história sem nunca pertencer a ela, sua estranheza desorienta e seduz a um só tempo. Mas justamente seu ser «sedutor» é jogo e máscara; o jogo pertence, claro, a seu caráter, mas não o exaure de nenhum modo. A sua busca (porque Ulrich está em busca e em busca de respostas persuasivas, na medida do possível) não gira de fato no vazio, mas sempre em torno da tentativa de definir os *pontos críticos* dos «valores» do mundo onde vive, das «visões» que o representam. Por isso lhe é necessária uma perspectiva, um metro de medida. A crítica da qual adverte a necessidade (sempre e com toda a seriedade) é uma crítica cultural-psicológica cientificamente fundada: energia dissolvente, mas não confiável nos seus princípios. Por isso, o homem sem qualidades é a princípio impaciente ante todas as manifestações de diletantismo. Nem poderia ser diferente, se consideramos a longa história que traz na bagagem. Ulrich é o natural amadurecimento da última fase de Törless, a que é ofuscada, quase acidentalmente, rumo à conclusão do romance juvenil. Superadas as experiências e as perturbações da adolescência, Törless nos aparece como um homem jovem «de espírito refinado e sensível»,[6] de correção exterior perfeita e um pouco irônica a um só tempo, que renunciou a combinar os dois modos de ver as coisas (prefiguração do tema dos dois mundos do sentimento, cujo problema sela *O homem sem qualidades*): o do vigilante intelecto, que as reduz a fenômenos controláveis, classificáveis e utilizáveis, e aquele que irrompe, às vezes, «quando o pensamento se cala» (*Törless*, p. 214) e faz emergir uma vida obscura da coisa, não mensurável racionalmente, não exprimível em palavras — e que, no entanto, é vida. O tormento da adolescência consiste em não poder resignar-se à impossibilidade da *Vergleichung* [comparação] entre esses mundos. Já o jovem Törless compreende que é

---

6. Id., *Die Verwirrungen des Zöglings Törless* (1906) [ed. it. *I turbamenti del giovane Törless*. Trad. de A. Rho. Turim: Einaudi, 1975, p. 172 (de agora em diante *Törless*)].

necessário renunciar a eles, sofre o transformar daquele sonho em infantilismo senil. Mas o homem jovem que nasce dessa separação não é de fato um desencantado indiferente: ele tem, ao contrário, um único «*ergreifende Interesse*» (*Törless*, p. 172), um só interesse de verdade o domina, e é pelo «desenvolvimento da alma, do espírito, ou afinal do que se queira chamar isso que aumenta em nós graças a algum pensamento, entre as palavras de um livro ou dos lábios fechados de um retrato [...] a coisa que sempre desaparece quando compilamos atos, construímos máquinas, vamos ao circo ou atendemos a centenas de outras ocupações» (*ibid.*). O homem jovem não se proíbe de pensar na alma e no espírito (cada vez mais distinguindo-lhes os âmbitos e analisando-lhes as relações), mas na sua *síntese* com o intelecto. E Ulrich parte daqui; ele desenvolve o que o estudante Törless havia conseguido apenas intuir, no seu interrogar-se em torno das razões de impossibilidade daquela *Vergleichung*; somente Ulrich alcança uma crítica impiedosa daqueles que ainda se consolam com sua vazia esperança, mas sobretudo é ele que elabora, com base nessa crítica, *uma filosofia* — ou talvez se devesse dizer uma *forma* de pensar — capaz de compreender, além de moralismos e estetismos, além de toda *vana curiositas* ou ceticismo eclético, e com aquele desencanto que sabe ser interesse apaixonado, esse mundo (um dos infinitos mundos possíveis! I, I, V, p. 20), do qual a concatenação das coisas e a ciência estatística, capaz de lhes calcular *os casos*, não mais a responsabilidade da pessoa, constituem o ponto de gravidade (I, II, XXXIX, p. 200).

Nenhuma síntese entre os dois mundos — a exigência, ao contrário, de exprimir *com precisão* o que em Törless era ainda «insistência mórbida» (*Törless*, p. 211): o «buraco» que se abriu no nexo causal, com a crise dos fundamentais princípios «clássicos» de explicação do mundo. Eis que justamente a matemática parece capaz de «imaginar» com exatidão e coerência a própria «desconexão», os saltos na urdidura das coisas; é ela a exigir a *construção* do imaginário, e que o irracional seja pensado com rigor. Por isso Ulrich é matemático. A Ulrich não interessa uma «narração» ocasional de estados de alma, interessa a análise de comportamentos na medida em que eles exprimam precisamente «feridas» do nexo causal. Longe de tornar lógico o mundo, ou lhe racionalizar as relações, a matemática permite compreender exatamente sua irredutibilidade a lógicas formais. É pela matemática que saímos para sempre do «paraíso» da razão — mas para chegar a exprimir com rigor o insuperável, a intrínseca dimensão *acausal* dos fatos. *Utopia* da exatidão:[7] elaborar uma linguagem que permita exprimir o que parece o polo oposto da precisão, a emoção, com palavras absolutamente precisas; isso que é advertido o tempo todo por Ulrich como uma espécie de dever. Diante das retóricas sobre a «insegurança» voltadas para a honra, para o monte de tagarelices sobre «*das Unsichere*» da parte de gente «do ofício um pouco incerta, poetas, críticos, mulheres e aqueles que por profissão exercitam 'a nova geração'» (I, II, LXII, p. 338), não é necessário desarmar, abandonando a exatidão a engenheiros e cientistas, mas aventurar-se no experimento, justo em *analogia* com a matemática, de dar forma a uma paradoxal combinação de exatidão e indeterminação. As emoções não desaparecerão, então, poderíamos dizer, mas sim seu caráter passional, imediato, simplesmente «privado» e como tal necessariamente incomunicável e indizível.[8] Esse é o passo que cabe aos poetas, programaticamente declarado desde

7. Sobre a complexidade dessa ideia, é fundamental J.-P. Cometti, *L'homme exact. Essai sur Robert Musil*. Paris: Seuil, 1997.

8. O sentimento sem intelecto é «gorduroso como um pedaço de manteiga»; mas a matemática não é, de fato, aquela sublime abstração da complexidade e insegurança da vida, como vulgarmente se pensa. O intelecto *toca* o sentimento todas as vezes que consegue se fazer de verdade «profundo, ousado, original» (*L'Uomo matematico*, em *Saggi*, p. 18).

o ensaio de 1913, *Der mathematische Mensch* (*Saggi*, pp. 15 ss.): a metáfora deve adquirir exatidão matemática, como Novalis já havia afirmado.

Aqui *Utopia* assume o significado de possibilidade real (I, II, LXI, p. 334). Os elementos da vida presente podem de fato transformar-se nesse sentido e produzir um «tipo de homem» capaz de superar «*das Unsichere*», colocando «em forma» o mundo «irracional» do sentimento. Esse homem é sem dúvida um porvir, um «não ainda», mas de modo algum um «nunca». A ideia que o anima não é nem mesmo confundida com «*ein Ziel, ein Ideal, ein Programm* [...] *ein Absolutes*» (I, II, CIII, p. 671), algo puramente ideal, um fim absoluto; ela amadurecerá, se amadurecerá, só lentamente, por meio de experiências, fracassos e erros. Parecerá bem mais o produto estatisticamente mensurável de diversas trajetórias e energias do que o resultado de um projeto. A ordem que será possível conferir àquela dimensão das coisas que «advém» enquanto «silenciam os pensamentos» (*Törless*, p. 214) não será o das Leis *a priori*. Nietzsche abriu *positivamente* o caminho, o Nietzsche lógico-filosófico que insiste na *positiva* artificialidade do nexo causal, no caráter convencional-construtivo das leis científicas. Por essa via procede hoje, segundo Musil, toda a ciência, matemática e física *in primis* — mas ela parece de todo impotente para ir além do tornar «simplesmente insuportáveis as velhas expressões metafísicas e morais do gênero humano» (I, I, XIII, p. 58). É necessário que a reviravolta cuja necessidade ela reconheceu e experimentou seja por fim compreendida e «interiorizada» pela moral, pela filosofia, pela literatura. Como pode acontecer? E a que novas aporias dará vida esse novo endereço do espírito?

O HOMEM ESTATÍSTICO

O *Törless* se conclui com as palavras: «Não sei nada agora sobre mistérios. *Alles geschieht: Das ist die ganze Weisheit.* Tudo é acaso: eis a inteira sabedoria» (*Törless*, p. 194). O jovem contemporâneo do infeliz Lord Chandos hofmannsthaliano «toca» assim a orla da experiência que dá origem ao próprio *Tractatus*.[1] Não há outro mistério senão, precisamente, o de que algo ocorre — e não há outro mundo senão o que é formado pela totalidade dos casos. É como se entre os múltiplos significados do ser apenas esse houvesse restado, o acidental, o aristotélico *tó symbebekòs*. É possível construir uma *ciência* a partir dele? Eis

---

1. Em torno da relação entre Musil e Wittgenstein, vejam-se os ensaios de A. G. Gargani, *Freud, Wittgenstein, Musil*. Milão: Shakespeare & Co., 1982; *Lo stupore e il caso*. Roma-Bari: Laterza, 1985; *Il filtro creativo*. Roma-Bari: Laterza, 1999. Musil não lê o *Tractatus* segundo o neopositivismo do Círculo de Viena, embora aprecie muitíssimo a obra de Carnap. Dos fatos devemos falar com base nos princípios demonstráveis — mas *fato* é também o *possível*. E nenhuma identidade é postulável entre demonstrabilidade e verdade.

a pergunta decisiva. É claro, de fato, que, se do acidente podemos só falar como «sofistas» (o *devir* somente é) ou se é possível apenas uma mera narração impressionista, a única coerente «visão do mundo» se torna a do absoluto relativismo e do relativismo que dissolve a si mesmo até a afasia. O interesse lógico-matemático de Musil parte dessa pergunta: ela *programaticamente* dá início a *O homem sem qualidades*. O mundo é um cadinho de casos físicos, meteorológicos, psíquicos. Nada existe *sempre*, e, no entanto, tudo *principalmente* sim. E não apenas infinitos acidentes podem ocorrer a qualquer essente, mas qualquer essente muda o tempo todo de rosto e de nome. O acaso (*Zufall* no *Tractatus*) existe, não é véu de Maya que pode ser rasgado; o acaso existe e é tudo o que é dizível. Para lhe definir uma ciência é necessário descobrir suas *causas*? Esse seria o modo tradicional de apresentar o problema — e não levaria a nenhuma solução. Que o acontecer natural pareça resultar-nos compreensível apenas segundo leis causais é uma necessidade *interior*; tratar a lógica de modo metafísico e pretender eliminar a dimensão psicológica «é um tornar-se fáceis as coisas» (*Diari*, p. 193).[2] De maneira bem nietzschiana: com que direito podemos definir «lei» como

2. Sobre a leitura musiliana de Husserl, cf. K. Menges, *Strutture fenomenologiche nell'«Uomo senza qualità»*, em L. Mannarini (org.), *Musil. Anni senza sintesi*. Cosenza: Lerici, 1980.

a descrição lógica dos dados de fato (*Diari*, p. 206)? Podemos apenas afirmar que a alguns «conteúdos de pensamento» é associado um sentido de *evidência*; «dessa situação, porém, não se pode deduzir nada para o caso em que os conteúdos de pensamento não sejam colocados» (*Diari*, p. 207). A causalidade é um «conteúdo de pensamento», nem por isso uma «verdadeira objetividade»; se, então, for possível construir uma ciência do acaso, ela não surgirá nunca da descoberta das «leis» que o produzem. No entanto, os acasos se manifestam segundo «ordens» ou são a elas referidos. E aqui, na descrição dessas ordens, opera o «homem matemático» — e aqui é possível uma «sã» distinção da instância psicológica, a rigorosa distância dessa última que também Husserl exige. Os acasos não se amontoam caoticamente; permitem satisfazer nossa exigência de ordem. Por mais que ignoremos suas causas «últimas» ou nos seja impossível concluir seu exame com a definição de leis objetivas, eles manifestam ritmos que se repetem, regularidades particulares. Sob diversas máscaras, *eles retornam*. A essa tendência deles se agarra quem não quer dispersar-se no *Unsichere*, quem não quer dissipar-se no impressionismo de palavras imprecisas e inapropriadas. A utopia da exatidão é uma possibilidade, e não um sonhar vazio, justamente graças a tais fundamentos, diria, ontológicos: o acaso resulta descritível segundo ordens definidas. E isso é todo o «mistério»! Que o puro acidente se manifeste segundo formas que permitem também predizê-lo, resultando, enfim, nesses limites, cientificamente compreensíveis.

A primeira e elementar linguagem da utopia da exatidão é, por isso, a da *estatística*; o «desencantamento estatístico» («*die statistische Entzauberung*», I, II, XL, p. 213, bem mais do que um «refugiar-se na estatística», como havia dito Spengler a propósito do princípio de entropia, como interpretado por Boltzmann) precede «logicamente» toda tentativa, da parte do sentimento, de aprender «a servir-se do intelecto» (I, I, VIII, p. 45). É sobretudo em seu colóquio com Gerda (I, II, CIII) que, quase com um pedantismo que mal dissimula o temor que aquele encontro, aquele «acaso» lhe suscita, Ulrich explica seu princípio. Observamos em todos os fenômenos regularidades que têm o aspecto de leis naturais e às quais faltam, contudo, qualquer fundamento. Daí deriva «o fato especial de que não ocorre nunca nada de especial», que tudo é acaso, mas que no fim todos os motivos particulares, todos os elementos casuais, todo movimento singular, parecem não contar mais nada, ser de todo indiferentes, e «permanece... já, o que permanece? Eis o que queria lhes perguntar». Podemos responder como profanos *a media*, algo que «não se sabe bem o que seja», não sendo algum «acaso» particular. Mais apropriadamente devemos dizer: «a mais profunda falta de sentido» (I, II, CIII, p. 670). E, todavia, é certo que «em cada caso se assenta essa lei dos grandes números *die ganze Möglichkeit eines geordneten Lebens*», a possibilidade-conceptibilidade de uma vida dotada de forma, de uma intuição da vida que não se renda ao fluxo das impressões e que, por outro lado, não busque consolação no Éden antigo do Princípio da causalidade.

No entanto, é evidente como tal «orientação» estatística ao afrontar o oceano dos acasos impediria, se absolutizada, a atenção, e logo a exata descrição de qualquer emoção. Se para dar forma ao «conhecido assunto das contradições, da incoerência e da imperfeição (*Unvoll-kommenheit*) da vida» (I, I, VII, p. 32) não tivéssemos outro meio senão o da ciência estatística, não poderíamos nunca «salvar os fenômenos» a não ser anulando-os na insensatez do «universal». Pode ser que um dia a palavra destino (*Schicksal*) adquira um significado estatístico (II, III, VIII, p. 76), pode ser que tudo «convirja para o mesmo fim e tudo sirva a um desenvolvimento, que é impenetrável e inevitável» (*ibid.*, p. 78), mas a exatidão estatística sozinha nunca poderá fazer-se valer nos confrontos do acaso na sua singular, peculiar irredutibilidade. Portanto, trata-se de uma exatidão imperfeita, mesmo porque indiferente, por princípio, àquele «conhecido assunto» da vida, assim como ela ocorre. A orientação estatística permanece indispensável para curar dos sonhos da Lei, mas precisamente só como orientação — e como constante contragolpe irônico em relação a toda pretensão de entender qualquer acaso como absoluta exceção, qualquer emoção como incomparável, qualquer movimento como transgressivo.

Apesar disso, o «desencantamento estatístico» é radicalmente insuficiente para corresponder à exigência que exprime a «utopia da exatidão» mesmo por uma razão outra e mais essencial. A estatística permite compreender o acidente, pôr-em-forma o fluxo dos acasos, subtraindo essa dimensão do ser ao quase nada a que já a condenava a metafísica aristotélica, mas nada sabe do caráter, imanente ao próprio acaso, para o qual ele não é apenas um dado de fato, mas também um *possível*. Para serem «exatos» é preciso também possuir o «sentido da possibilidade», serem «*Möglichkeitsmenschen*». Esses «possibilistas» não são de fato, simplesmente, uns sonhadores infantis, uns visionários ou, pior, uns pobres mentecaptos. Eles exprimem, ao contrário, um exato sentido da realidade como possível; eles advertem o próprio dado de fato como o que poderia não ter sido e como provisório experimento. Não só. Eles concebem tudo o que acontece à luz das «intenções ainda não despertas de Deus», como um vestígio do que poderia ainda ocorrer (I, I, IV, p. 17). A realidade, para eles, é mais uma «tarefa e uma invenção» («*Aufgabe und Erfindung*») do que um «estado». A terra, para eles, «não é de fato velha e não se pode dizer que seu ventre nunca tenha sido verdadeiramente bendito» (*ibid.*). Seria de todo enganoso separar sentido da realidade e sentido do possível: até mesmo o possibilista possui o sentido de realidade, «mas é um sentido da realidade possível» (*ibid.*, p. 18). Para ele, a realidade não é decomponível em qualidades bem determinadas e distintas, em valores conhecidos. Todo «estado de fato» germina possíveis ainda inauditos. Todo acaso promete acidentes novos, imprevistos. E destes o «possibilista» está como que à espera. Por isso, não podendo nunca se conformar com os caracteres do que apenas ocorre, será essencialmente *Homem sem qualidades*. O homem sem qualidades é *precisamente* aquele que amadurece o simples «tudo ocorre» na forma do desencantamento estatístico e sabe combinar esta última com o sentido da realidade possível. Esse conhecimento constitui a base da sua formação — com esse conhecimento se tinham concluído os seus *Lehrjahre*, os anos de aprendizagem.

Aquele que capta a realidade segundo a perspectiva da *Unvollkommenheit* que a caracteriza e suas contradições como signo de um advir que urge no seu ventre, advir que apenas nos limites estreitos da estatística é possível delinear, conseguirá ao fim compreendê-la de modo mais forte e vigoroso do que o simples «realista». Aquela sensibilidade particular que lhe permite advertir nela de todo acaso a radical falta de fundamento, e de lhe prever as futuras metamorfoses, lhe permite também descrever com realismo sóbrio a *criticidade* da situação presente, ou melhor, saber como o «ponto crítico» está à espreita *em qualquer lugar*. A sabedoria do homem sem qualidades confere a todo o romance sua tonalidade de fundo. Ulrich é precisamente o que vagueia no interior de todas as *dobras* da história, mostrando, tanto nas suas palavras quanto nos seus silêncios, como o ponto de ruptura pode determinar-se em qualquer lugar, como em cada ponto o «sistema» pode entrar em colapso. Nada aqui é insignificante, e, de fato, deus e o demônio habitam juntos o todo particular. O acaso que, como tal, pelo simples desencanto científico, permanece ou de todo indiferente ou então equivalente ao fato, é «resgatado» pelo olhar do possibilista na sua singularidade, de algum modo sempre extra-ordinária, na medida em que um acaso qualquer pode revelar-se a porta estreita de onde irrompe a força que determina a catástrofe do conjunto. Toda a realidade que parece fluir-retornar de modo equivalente vive dessa telúrica inquietação. Durante suas «férias da vida», em busca de suas «capacidades» (I, I, XIII, p. 60), Ulrich não gira, por isso, «no vazio» um só instante. Ele se move, ao contrário, constantemente em torno do «ponto crítico» ou em busca do possível ponto crítico, na impossível possibilidade de prevê-lo. Ele sabe que nenhuma qualidade especial do «ponto» que provocará o colapso do sistema será suficiente para explicar sua explosão. É justamente o caráter do Homem sem qualidades que está ontologicamente em conformidade com essa situação. Ele sabe em si e de si como variações mínimas podem produzir catástrofes, uma vez que experimenta na sua alma esse princípio, que é de fato o fundamento mais profundo de todo paralelismo psicofísico. Se a ele se devesse dar um nome, ele o chamaria «*das Prinzip des unzureichenden Grundes!*», «o princípio da razão *insuficiente*» (I, II, XXXV, p. 178). À diferença do que ensina a «filosofia das universidades», «ocorre sempre aquilo que propriamente não tem nenhuma razão de ocorrer». E o princípio não vale apenas no âmbito pessoal ou na história política e social (em que poderia chamar-se lei da heterogênese dos fins). Ele assume para Musil, como antes, em outra forma, para Nietzsche, uma valência epistemológica mais geral: é toda a realidade que já não parece descritível por meio de nexos causais deterministicamente entendidos. É toda a realidade que parece ser não mais que um possível. É a sua descrição a envolver em si essencialmente o «estado» do sujeito observante, e, logo, a não ser compreensível senão em termos *psico*físicos. Um *princípio* de razão suficiente é tão pouco alcançável na realidade física e analisável com os instrumentos da matemática quanto no mundo contraditório e incoerente da vida. E Musil tem confirmação evidente disso quando, depois da conclusão do primeiro volume de *O homem sem qualidades*, lê sobre o paradoxo da «lei dos acasos»[3] no grande vienense Erwin Schrödinger (*Diari*, p. 780).

A vocação matemática do Homem sem qualidades tem, todavia, uma razão sólida. A matemática saída da «crise dos fundamentos» não exprime totalmente a pretensão de ser a própria linguagem da natureza, embora, justamente, pretenda valer como a «ficção» necessária para colocar em alguma ordem as relações entre os entes e entre observante e observado. O mundo das relações

---

3. Para as ideias de possibilidade, probabilidade e aposta em Musil, inclusive em referência à matemática e à física contemporâneas e ao próprio Schrödinger — o mais filósofo, talvez, de todos os cientistas do Novecentos —, cf. o importante livro de J. Bouveresse, *L'homme probable*. Combas: Éditions de l'Éclat, 1993.

e das funções não tem, ontologicamente, nenhum *fundamentum inconcussum*, mas o formalismo matemático parece o único capaz de representá-lo com rigor. É concebível algo análogo, no sentido estrito da analogia, para o mundo dos sentimentos e da vida? É possível construir, também aqui, um *Princípio* de razão insuficiente? O homem sem qualidades deverá limitar-se a afinar o próprio sentido do possível até conduzi-lo a um «absurdo desejo de irrealidade» (I, II, LXIX, p. 392)? Dessa pergunta nasce a «utopia do ensaísmo», ou seja, da forma literária capaz de corresponder àquela «utopia da exatidão» da qual apenas os procedimentos estatístico-matemáticos pareceriam aproximar-se. Não se dá outro caminho para o «possibilista», que quer colocar em imagem o princípio de razão insuficiente, senão o de se tornar «ensaísta».

A «DECISÃO» ENSAÍSTICA

A forma do ensaio em Musil se define em concordante discórdia com o significado que o termo havia assumido na *Romantik*. Aqui a forma do ensaio, em oposição àquela da crítica kantiana, nasce da exigência de representar o mundo da vida não apenas na sua aparente irredutibilidade a filosofias sistemáticas, mas como lugar do próprio revelar-se da ideia — e precisamente onde, mesmo revelando-se, a ideia se torna *outro* de si e como tal chega ao fundo. O ensaio — como estava claríssimo em Solger[1] — *persegue* o discorrer da ideia, ou seja, seu irradiar-se que é, ao mesmo tempo e inexoravelmente, um dispersar-se, um dissipar-se — seu revelar-se crepuscular. A mais profunda *diferença* que anima a forma ensaística é, por isso,

---

1. Cf. M. Ophälders, *Dialettica dell'ironia romantica. Saggio su K. W. Solger*. Bolonha: Clueb, 2000.

aquela entre a *intuição* da ideia e sua imagem sensível, sua *metáfora* estética. Seu fim ou sua suprema *magia* resultaria, então, da combinação entre o conteúdo de verdade da obra e a forma, o dis-correr, que é chamada a exprimi-lo. Aqui a *ars combinatoria* do ensaio alcançaria a perfeição. O ensaio opera ironicamente, autoironicamente para a própria superação, a própria morte. Sua palavra não pode ser senão *ad-verbum*, e, no entanto, só existe porque exige o impossível: fazer-se *Verbum*. O *conhecimento* dessa impossibilidade, o perfeito desencanto sobre a falência da *opus*, confere ao ensaio, a um só tempo, a sua força crítico-dissolvente nos confrontos de toda filosofia sistemática e o caráter de dúvida filosófica interminável do seu interrogar.

Musil retoma da *Romantik*, e de Novalis em especial, o problema do «ensaísmo» como eminentemente filosófico, muito além de toda sua declinação em chave existencial-experimental.[2] O ensaio sem dúvida exprime a exigência de dispor de uma forma «mais aderente à mobilidade (*Beweglichkeit*) dos fatos» (I, II, LXII, p. 343) contra a «tirania» e a «violência» dos grandes sistemas. Mas é

2. Sobre o ensaísmo e a ironia em Musil: E. de Angelis, *Robert Musil*. Turim: Einaudi, 1982; T. J. Harrison, *Ensaysme. Conrad, Musil, Pirandello*. Baltimore: The Johns Hopkins University Press. É obrigatória ainda a referência a B. Allemann, *Ironia e poesia* [1956]. Milão: Mursia, 1971.

preciso também dar a atenção máxima ao fato de que o lado experimental do ensaio (o que se traduz com *Versuch*, experiência, tentativa) não comporta, afinal, aquele filosofar a minuto («*in kurzen Stücken*») que parece dominar «em tempos de progresso civil e de democracia» (*ibid.*). Se hoje parece impossível «ver-se de cima a baixo», se hoje nos olhamos sempre como «nos estilhaços de um espelho» (I, II, X, p. 108), isso não comporta a renúncia à «utopia da exatidão» na representação do sentido do possível. Não parece praticável a via do «sistema» — mas isso não deve deixar o caminho livre para a «injustiça» ou «anarquia»: a própria ausência de sistema é remetida a um sistema![3] Justamente o fragmento, aliás o estilhaço, é o particular que é indagado com o olhar mais agudo, com a precisão mais rigorosa. A aventura, que o ensaio por certo exprime, tem significado e valor não só e não tanto pelo naufrágio que a efetiva (e que, precisamente, deverá representar seu êxito último, a «perfeição»!), mas pelos infinitos encontros que ele concede, pelos acasos que a compõem. O ensaio só tem valor se sabe prestar a

3. São palavras de Novalis (*Opera filosofica*, org. de G. Moretti. Turim: Einaudi, 1993, v. I, p. 259). O «sistema» musiliano é *sistema aberto*, expressão de um pensamento «que podemos definir de circulação contínua». E. de Angelis, «Musil offenes System», *Jacques e i suoi quaderni*, Pisa, 28, 1997; Id., «Musils Zarathustra». In: S. Barbera (org.), *Nietzsche nach dem ersten Weltkrieg*. Pisa: Ets, 2006.

eles *justiça*. O ensaio (*Essay*) não é por isso «a expressão, provisória ou acessória, de uma convicção que, em melhor ocasião, poderia ser elevada a verdade, mas também reconhecida como erro [...] um ensaio é em vez disso a forma única e imutável (*die einmalige und unabänderliche Gestalt*) que a vida interior de um homem assume num pensamento decisivo (*in einem entscheidenden Gedanken*)» (I, II, LXII, p. 344). É necessário deter-se com cuidado nessa definição extraordinariamente desafiadora e reveladora. Pareceria que a ideia do ensaio como *Versuch* aqui seria inclusive derrubada. Longe de ser representação do rebentar da forma nos escolhos da vida, como no jovem Lukács, o ensaio é aqui chamado a dar-forma, *Gestalt*, àquilo que ocorre *em interior*, não num momento qualquer, mas logo que o sujeito *decide*. O ensaio se «atém» a duas palavras-chave: *Gestalt* e *Entscheidung*. E são as duas palavras-chave que dominam a «nostalgia» de Ulrich; o Homem sem qualidades é justo aquele que busca ao mesmo tempo *forma* e *decisão*, que quer dar forma ao fluxo dos acasos e decidir-se a um só tempo a querer lhe quebrar o *continuum* exprimindo a própria interioridade irredutível.

Mas as duas dimensões são destinadas a permanecer inconciliáveis. O tempo da decisão é o instante, é a Hora da intuição (problema que domina o segundo volume, a relação entre os Irmãos); o tempo da forma é o da busca, da tessitura paciente, do dis-correr. A forma pressupõe a multiplicidade dos distintos, constituindo de fato a harmonia; a decisão, ao contrário, é assim na medida em que quebra a urdidura, manda para o fundo a ordem prosaicamente alcançada e faz cintilar, num golpe de olho, a ideia — justamente a ideia que a ironia romântica descrevia como um espelho em pedaços. A forma do ensaio é, portanto, a mesma do mais alto paradoxo. Ele deve *centrar*, com um só golpe, irrepetível («único e imutável»), o que ocorre na vida interior de um homem logo que um pensamento a decide, quebra-lhe a duração, logo que um pensamento lhe golpeia tão intensa e irremediavelmente o transcorrer, o *tempus fluens*, a impedir que ela possa recompor-se em *uma* imagem. O ensaio tende por isso a confundir-se com o *aforismo*, no sentido literal do termo.

É por isso totalmente «lógico» que, com base nessa ideia do ensaísmo, o itinerário do Homem sem qualidades devesse concluir-se com a reflexão sobre o Místico. É o próprio ensaio, entendido como *forma da decisão* paradoxal, a coagir ao passo «fatal». Mas muitos passos ainda deverão ser experimentados antes de alcançar esse último, ou seja, esse problema irresolvível representado pela conclusão do romance.

O ensaio não se opõe, assim, ao sistema filosófico em termos impressionistas ou pela sua conformidade à mutabilidade e *Unvollkommenheit* da vida. O ensaio exige precisão e correção, por assim dizer, *aforísticas* — mas em relação a um *próblema* que não é o filosófico: o problema da vida interior, logo que a suposta continuidade do tempo se quebra. O ensaio pode também difundir-se, ou desperdiçar-se, a analisar as condições dessa crise, hesitar sobre o contexto ético, político e cultural que a teria gerado — mas seu centro é outro: o instante no qual o pensamento decisivo, irrevogável, «desloca» a vida do seu normal dis-correr. O ensaio pode também ser rico de digressões; o ensaísta ama construir labirintos — mas seu centro, que não pode faltar, e aonde todo «giro» precipita, é sempre um: a crise do tempo que se distende trançando momento com momento, causa com causa, em suma: o «buraco» repentino representado pela *hora* da decisão. Esse tempo não é o mesmo da narração, do romance? Certamente — e é aqui, então, que se faz de fato compreensível a aposta musiliana: construir uma «grande forma» épico-romanesca que constitua, para seus próprios princípios, a superação de si. Toda figura e todo discurso giram em torno da *ubiquidade* do ponto crítico; tudo é suspenso no limite de uma decisão, que nada, no caso, parece tornar necessária (aliás, que tudo parece tornar impossível), e que, em toda parte, ao contrário, cabe. E é a história dessa decisão que no romance se devia narrar e não podia sê-lo.

Se a matemática, completamente de-ontologizada, é uma disciplina intrinsecamente conectada com aquele sentido do possível, que constitui a dominante da filosofia de Musil, pode-se compreender também, então, o nexo entre essas duas dimensões e a do ensaio. A matemática permite ver como o sentido do possível é capaz de construções rigorosas; a matemática é essencialmente construção de ordens *possíveis*, a priori de toda consideração aplicativa e de todo fundamento «natural». O ensaio apresenta uma pretensão análoga: pôr-em-imagens um tempo absolutamente distinto do cronológico da simples narração, ou melhor, narrar a partir dele *a crise*. O ensaio possui o sentido da *possível decisão* em mais alto grau, e é chamado a *imaginá-lo*. Apontando para a expressão mais coerente e «lógica», ele deve construir a ordem perfeitamente possível, possível a ponto de correr o risco de irrealidade, da decisão que agarra a existência quando ela é atingida pela ideia e não quando está flutuando entre a multiplicidade indeterminada de seus fragmentos. Esse é *o* extremo possível, que também poderia ser chamado de o *topos* do possível, quando ele se revela na própria autenticidade. E a esse possível o ensaio deve dar-forma, segundo o «ditado» da utopia da exatidão. Em direção a esse pensamento decisivo se desenvolve todo o primeiro volume de *O homem sem qualidades*.

OS CRIMINOSOS

Quisemos iniciar pela *pars costruen*s da *opus* musiliana, do seu confronto cerrado com o pensamento lógico, matemático, científico. Qualquer outra leitura acaba, a meu ver, por reduzir-lhe a extraordinária complexidade a uma perspectiva irônico-ensaística tradicional, a um exercício intelectual sofisticadíssimo de crítica dissolvente, de cujas cinzas quase por milagre surgem, afinal, os «diálogos sagrados» entre os Irmãos. Musil não renuncia nunca, ao contrário, a afrontar a vida de modo sistemático — o que *não* significa afrontá-la com os meios do sistema filosófico, mas muito menos opor à «violência» deste último o experimentalismo da simples *Versuch*. Seus ensaios, do *Homem matemático* àquele dedicado a Rathenau, da (não generosa) crítica feroz de Spengler a *Das hilflose Europa* (Europa abandonada e inerme), ilustram amplamente essa posição, que está na base do próprio romance.

O romance, pelo menos o primeiro volume, pode também ser lido como a extraordinária fenomenologia dos tipos, dos comportamentos, das situações, dos rituais que se opõem «metafisicamente» ao pensamento musiliano — pensamento que se procurou desvendar por meio das «estações» do desencanto estatístico, da utopia da exatidão, do sentido do possível, do ensaísmo. *Todo o mundo*, por motivos diversos e às vezes opostos, opõe-se a seu amadurecimento e seu tomar forma, de início ainda confusamente, em Ulrich. Porque Ulrich custodia em si a possibilidade da *decisão*, ele se destaca nitidamente das outras figuras e, todavia, opera nelas, no seu ambiente, mesmo que sempre como um elemento *periculosum maxime*. Apenas agitando a possibilidade quase irreal da decisão, ele põe em crise os nexos, as afinidades que entre aqueles que encontra se vão delineando e a cujo abrigo eles buscam colocar-se. Ele é, porém, fator desorientador também para aqueles que fazem da decisão um mito e a traduzem nos termos da absoluta transgressividade — porque a estes últimos é estranha a exigência da *Gestalt*, do dever dar forma à *Entscheidung*. Em contato com o espírito dissolvente que Ulrich exprime, toda afinidade consolatória acaba em separação. O primeiro volume é o grandioso afresco do naufrágio de toda forma de relação que não se assenta sobre o cuidado extremo para a distinção, para o particular, para a imagem exata do possível.

Todo elemento da multidão de acasos e caracteres que gira em torno de Ulrich e que ele busca «ordenar» reflete, na sua luz particular, um problema geral, aliás: *o* problema, que necessariamente se impõe logo que cintila a ideia daquele *impossível* que é o *dar-forma* à decisão («O senhor está sempre a um passo de saltar no impossível [...] o senhor faz como se o mundo só devesse começar amanhã», joga-lhe na cara Diotima, I, II, CI, p. 645). Como ser *responsável* pela decisão? É possível falar da decisão como ato de um sujeito, quando o mundo é aquilo que acontece? A decisão não deveria antes ser entendida como a pura possibilidade daquele ponto crítico que matemática e estatística nos dizem ser ubíquo? Como podemos falar de decisão em termos diferentes daqueles que um matemático usaria para falar de catástrofe, ou seja, de mudança de estado? Não são todas «jogadas» pela decisão-catástrofe, na impotência de preveni-la e prevê-la, as *personae* do romance? Em suma, a decisão não é mesmo o impossível que, como tal, é advertido pelo Homem sem qualidades no ápice do próprio sentido do possível? Esvaziando-se de toda qualidade determinada, aventurando-se no reino do puro possível, torna-se *logicamente exato* atracar à ideia do *im-possível*.

O romance no romance dedicado a Moosbrugger é a grande metáfora dessa aporia. Na sua base estão as reflexões nietzschianas voltadas para demolir a ideia da liberdade do querer. Em *Humano, demasiado humano*, o livro dedicado aos espíritos livres para demonstrar como a liberdade é pura ilusão, crença, sonho, Moira incoercível e caráter-*daimon* do «pobre homem» são pensados como o mesmo. *Operari sequitur esse*: todo ato deriva do caráter que nos é destinado. O aforismo 39 do primeiro volume é fundamental para *O homem sem qualidades*: toda a história dos sentimentos morais é «a história de um erro, o erro da responsabilidade, o qual repousa sobre o erro da liberdade do querer»; se o homem pudesse ser o que quer ser, seu querer deveria preceder sua existência. O homem se *considera* livre, e basta, e com base nessa mera crença experimenta arrependimentos e remorsos. Por isso, julgar um homem como responsável pelas suas ações equivale a considerá-lo responsável pelo seu ser, isto é, ser *injusto*. (Poder-se-ia discutir longamente a derivação dessas ideias de uma leitura bastante parcial seja de Espinosa, seja de Schopenhauer.)

É *injusto* julgar Moosbrugger? O que é «criminoso»? Comportamentos, ações estatisticamente reveláveis, cujo número se repete com impressionante regularidade. Não indica esse fato alguma lei que «joga» com o destino individual ou que, exatamente, faz da vida de um homem nada mais do que um destino? Moosbrugger está satisfeito com o procedimento que o considerou culpado porque compartilha a vaidade comum: o imaginar-se responsáveis. Mas não são seus próprios crimes antes «um sonho coletivo» (I, I, XIX, p. 101)? Se toda palavra ameaça revelar-se um pré-juízo (como Nietzsche sempre repete, e é outro dos seus motivos onipresentes em Musil), não é «responsabilidade» o supremo pré-juízo?

Mas, se definir o ser-responsável parece impossível, como determinar precisamente aquela utopia do ensaísmo que se rege sobre a ideia de decisão? Como decidir-se se toda decisão já parece desde sempre «lançada»? O «caminho da história» ninguém sabe de onde vem; não tem inventores; «em grande parte a história nasce sem autor» (I, II, XXVIII, p. 149) e o presente é um lugar que ninguém conhecia e aonde ninguém desejava ir (I, II, LXXXIII, p. 149). E, todavia, diante do escândalo que para o intelecto é representado pela ideia de livre querer, Ulrich não se resigna a alguma forma de «fatalismo turco» (como teria dito seu Nietzsche). Se é uma «baboseira» mesmo a mais débil expressão da pretensão de ser «causa sui», a tese oposta não representa senão sua inversão — e uma figura de pernas para o ar permanece a mesma figura. O matemático-estatístico

Ulrich sabe-o bem: uma posição vulgarmente determinista não faz senão *deificar* o nexo causa-efeito, absolutizando-o mitologicamente. Esse mesmo nexo é constituído também por fraturas, dilacerações, saltos — e só assim poderá ser definido com precisão *estatística*. Por isso a utopia do ensaísmo permanece um *possível*, porque não é de modo algum determinável que o homem opere coagido forçadamente pelo seu *esse*, porque nem nesse contexto é rigorosamente aplicável um esquema determinista. Nesse sentido, o «grande buraco» nos nexos causais da vida de Ulrich será precisamente o encontro com a irmã — ou seja, bem com quem lhe é *destino*! A irmã — a figura da qual ele não pode, de nenhum modo, dizer-se «autor» — aparece como o caso ou o evento capaz de revelar, em toda sua dramática paradoxalidade, a forma da decisão como um autêntico possível. O ensaio, na sua forma mais pura e extrema, vai assentar-se então na palavra que *intui* o evento, que «fura» a urdidura da causalidade — mas palavra *profana*, porque esse evento nega apenas uma concepção ingenuamente fatalista do nexo causal e não reafirma de modo algum a crença do livre querer.

O ser-responsáveis não pode, por isso, apelar para o testemunho do Eu como «o último ponto fixo do processo de pensamento crítico-cognitivo» (*Diari*, p. 221). Aquele

Eu é «insalvável»,[1] e até mesmo fundamentalmente por ser «incomensurável». «O Eu perde o sentido que tinha até então, de um soberano que cumpre atos de governo» (I, II, CI, p. 650). O Eu é bem mais e antes súdito do que legislador; todo discorrer em torno do Eu se revolverá em puro falatório se não iniciar do preciso conhecimento das *leis* da personalidade (e justamente, antes de tudo, no plano experimental, mediante procedimentos calculáveis: daí a grande importância que tem para Musil, e para a construção inteira de *O homem sem qualidades*, a psicologia da *Gestalt*[2]) e das regras que regulam seu devir. Mas se trata, exatamente, de leis e normas entendidas como ordens estatísticas, as quais negam até mesmo o *Einmaliges*,

---

1. Em torno da «insalvabilidade» do Eu giram os importantes ensaios de Ada Vigliani («Musil e gli ordini della realtà»), Claudia Sonino («Musil e il frammento») e Claudia Monti («Mach e la letteratura austriaca»), publicados em R. Morello (org.), *Anima e esattezza*. Casale Monferrato: Marietti, 1983.

2. A importância da *Gestalttheorie* para o pensamento e a escrita de Musil é atualmente sublinhada por todos os intérpretes. Em *Das hilflose Europa* (*Diari*, p. 73), ele vislumbra o sintoma de «um imenso impulso da alma numa direção nova» e no livro de Köhler, *Le figure della fisica in stato di quiete e in condizioni stazionarie* (1922), uma contribuição à «solução de antiquíssimas dificuldades metafísicas». Poder-se-ia afirmar que Musil se destaca do empirismo machiano precisamente em sentido gestáltico, elaborando o problema da forma como princípio intrinsecamente dinâmico, como um ordenamento dotado de energia própria, nem por isso redutível aos elementos que o compõem ou neles decomponíveis (*Diari*, p. 1339).

a individualidade do evento e, logo, a exigência da forma do ensaio. A perda do Eu-soberano não equivale ao desaparecimento da possibilidade da *individuação*, mas ao estilhaçamento da ordem prospectivo-hierárquica que sua posição determinava. Nenhum elemento do sistema detém agora uma «medida» própria ab-soluta da rede de suas relações, nenhum é calculável por si. Como todos podem revelar-se «pontos críticos», assim todos são a um só tempo tanto determinados quanto determinantes. E do mesmo modo ocorre considerar parte do jogo que todo ponto de vista, todo Eu, cultive a crença numa própria e especial capacidade legisladora. No próprio momento em que o ensaio critica impiedosamente essa crença, sua forma rende também justiça ao caráter decisivo que toda singularidade recobre na rede das conexões, ou seja, à irrepetibilidade de todo acaso. Aquilo que o ensaio pensa e se obstina em querer representar é, poderíamos dizer, o complexo de uma rede constituída por infinitas, às vezes inadvertíveis, decisões. É-se por isso responsável justamente por fazer parte da história, é-se *réu* dos nexos que a constituem. Todo evento pode ser isolado, mas também este não será advertível senão por meio da mudança do quadro do conjunto. Não percebemos *este* evento senão na sua conexão orgânica com o ambiente, assim como não compreendemos o significado de uma palavra senão pelo contexto da proposição. A relação entre a singularidade do evento e o próprio evento como parte do conjunto é constitutiva e insuperável. A forma do ensaio quer de fato ser sua representação. Em outros termos, então, ela promove a extraordinária pretensão, a *utopia*, de representar, *em um*, perfeita determinação e plena responsabilidade de toda figura. O ensaísta não nos absolve de nossos delitos, reconhece nossos crimes (das «irregularidades miúdas» até os grandes pecados, II, III, XXX, p. 405), e mostra ao mesmo tempo como eles «estão no ar e buscam uma via de menor resistência que os conduza a determinados indivíduos» (*ibid.*). Leis da personalidade, influência do ambiente, «jogação» fundamental de todo projeto, série contraditória das intenções, heterogênese dos fins — nesse complexo por certo vai ao fundo a soberania do Eu, mas isso não impede realmente a compreensão, a análise, a representação precisa. Muito menos nos salva de ser *réus*, «criminosos».

FRAGMENTOS DE VIDA OFENDIDA E INFELIZ I

O desencanto doloroso do ironista-ensaísta é contra-dito, segundo vozes e gestos diferentíssimos, pelas outras figuras do romance. Trata-se da mais extraordinária *fenomenologia* das tentativas (*Versuch*, não *Essay*!) postas em ação para subtrair-se ao peso da decisão, ou para fingir-se responsáveis com base no simples pré-juízo do livre querer. Ou na vã ilusão de poder «conter» a catástrofe, de poder exorcizar a ubiquidade do ponto crítico — ou ainda de poder confrontá-lo, de alguma maneira apenas imitando-o, por meio de uma inquietação que se passa pela *Nervenleben* espiritual. Toda figura, então, espelha também as outras; cada fragmento é *mônada* que os reflete todos. Nenhuma figura teria significado senão na rede das conexões, da *Ação* que as faz encontrar, do olhar de Ulrich que as indaga e, ao mesmo tempo, participa delas, e participando também lhes altera a configuração originária. É, porém, uma rede que cria afinidades destinadas a dissolver-se, não só porque corroídas pela palavra e pelo olhar de Ulrich, mas porque intimamente falsas. Elas fogem do confronto cara a cara com o problema da época, não representam senão *Ersätze*, algo que pretenderia substituir os fundamentos desmoronados, tomar o lugar do Eu-soberano, nada mais do que um vão remédio ao deslocamento produzido pelo fim da ordem antiga e das hierarquias que formava. Poderíamos chamá-la *a* fenomenologia da «vida inautêntica» (admitido que *O homem sem qualidades*, nas intenções de Musil, devesse concluir-se com uma ideia de vida autêntica), ou melhor, das formas de vida submissas às «visões do mundo».

Elas parecem oscilar entre o tipo-Arnheim e o tipo-fanáticos. O termo «fanáticos» não é, porém, a tradução exata de *die Schwärmer*. Beineberg no *Törless* poderia ser seu primeiro representante. *Schwärmerei* é *amor inordinatus*. Os fanáticos não sabem ou escondem que a alma é formada, *edificada*; eles estão à caça da alma, querem apoderar-se dela como de uma presa, adquirir-lhe os poderes. E recusam com arrogância autodestrutiva a sabedoria necessária para viver: para achar solução para qualquer problema é indispensável recorrer a uma astúcia, supor algum valor constante.[1] Fingir também é virtude, mas fingir segundo seu étimo.[2]

Ulrich é sem dúvida atraído pela energia dissolvente dos fanáticos. Clarisse é a sua verdadeira, mais profunda «tentação». Ele compartilha com ela o desprezo pelo compromisso, mas porque bem conhece a impotência, conhece a fundo, de toda mediação; os fanáticos, ao contrário, rebelam-se apenas por moralismo obtuso. A sua «caça» à alma é apenas ódio, oscilante entre moralismo e estetismo, pela vida burguesa. Não saberiam imaginar-se sem esse adversário e são por ele dominados. Dependem do inimigo. E é precisamente esse o espelho que Ulrich, com método, atira contra eles de frente, mesmo compartilhando a recusa do velho idealismo, no qual a fixação em sistema dos ideais acabava consumindo sua energia criativa (uma concepção rigorosamente «atualística» do idealismo, no fundo, a sua). Não é aqui que se concentra a ironia de Ulrich, mas no *fanatismo* pelos ideais. Eles são, ao contrário, *ensaiados* com frieza, medidos e *comedidos*

---

[1]. R. Musil, *Die Schwärmer* (1921) [ed. it. *I fanatici*, em Id., *Racconti e teatro*. Trad. de A. Rho. Turim: Einaudi, 1964, p. 382].

[2]. Veja-se *O homem sem qualidades*, II, III, XXXVI, p. 467: verdades eternas decerto não existem, mas verdades «que valem só por um certo tempo», «*Richtbilder*», em suma, imagens-guia, que se podem orientar no agir — desses «sinais» é impossível desfazer-se.

ao contexto do qual surgem e no qual agem. Os fanáticos insistem num pretenso caráter *absolutamente decisório* do ideal, mas nada quebra o *continuum* do próprio tempo se não emerge do seu interior. A decisão é ensaística sempre, nunca meta-física.

No entanto, a fenomenologia musiliana não procede por ideal-tipos. A exatidão quase obsessiva com a qual Musil desenha seus *personae* se coloca numa complexa trama de remissões e alusões que evidenciam entre si afinidades inesperadas, involuntárias — relações que elas por certo recusariam reconhecer, porque representam uma constante ameaça à «integridade» do seu caráter. Ao olhar bem, o romance é um imenso cadinho em que elementos se atraem, apesar deles, para dissolver-se um no outro — e a «aventura» dos Irmãos não exprime, afinal, senão a extrema tentativa de «inventar» um Fim para esse conflito (como se fosse possível produzir Ouro pela combinação antagonista dos simples acasos, em vez da sapiente dosagem de «eleitos» materiais!). Do mesmo modo, no âmbito de todo «tipo», o que verdadeiramente conta são as diferenças, as tensões, os equívocos entre as figuras que o representam. O jogo das variações é precisamente o que exprime o tema comum.

Assim, os fanáticos, *die Schwärmer*, poderiam a todo instante terminar sendo «compreendidos» pelo próprio oposto, Arnheim, ou então cair no delírio de Clarisse. Clarisse *vive* o equívoco tremendo de um possível além-Nietzsche, ou seja, de uma *vida* segundo Nietzsche. Quando fala do caráter musical de Moosbrugger, é ao excesso dionisíaco que alude, a um Dionísio separado de Apolo. O seu Nietzsche é justo o oposto do de Ulrich — mas Ulrich se dirige a ele com dolorosa *pietas*. Ele reconhece, de algum modo, a necessidade daquela deriva louca: dever conceber a ideia como totalmente realizada, dever inseri-la nos fatos da vida. Para ele, Nietzsche é, ao contrário, o ironista que mostra como «as boas ideias podem realizar-se tão pouco quanto a música» (I, I, XIV, p. 62) — mas não é o próprio Nietzsche que torna inevitável também a leitura que Clarisse faz dele? Poderia não ter sido desafiado a duelo pela paixão de Clarisse (*ibid.*)? Toda palavra contém a fonte do equívoco e do preconceito — e isso o ensaísta deve saber, sob pena de transformar a própria aventura na mais aburguesada das hermenêuticas.

Clarisse se ergue sobre todos os «espíritos amigos» e sobre todos os seus Maestros e Profetas. Não tagarela sobre a alma; pretende de fato que a ideia possa encarnar-se. Ulrich olha para o alto quando lhe fala ou a pensa — de certa forma é a figura mais distante do seu ensaísmo, mas, por outro lado, aquela que melhor exprime sua intenção mais profunda e secreta: imaginar o

extremo possível — ou seja, o puramente im-possível e
irreal. A sua excitação é o exato oposto do *êxtase* buscado
e, por isso mesmo, afinal, somente pensada pelos Irmãos,
e todavia entre as duas dimensões palpita uma corrente
de profunda *sim-patia*. Clarisse é a *facies* nobre, pura, da
Schwärmerei, aquela capaz da máxima crueldade (como
acontece no caso de Walter), bem como do sacrifício — se
um rito sacrificial pudesse ainda ter sentido.

Na realidade, em *O homem sem qualidades*, as mulheres são, cada uma no próprio âmbito, no próprio «território» específico (realmente de *terreo*: aspecto terrível, pavoroso da «identidade»!), o que representa seu aspecto mais admirável e mais digno de co-sofrimento. Justamente porque, quase sem reservas, acolhem seus princípios e padecem sua derrota. Assim ocorre com Diotima no caso do tipo-Arnheim, com Gerda no contexto dos «espíritos amigos», com Bonadea no âmbito da «estupidez». A mulher é o reflexo honesto, limpo, das falsidades e mesquinharias que giram em torno dela. Não é imune a elas, busca até consolar-se ali — mas justo isso parece não poderem nunca alcançar. Assim, um fio de comum paixão entrelaça todas, um fio que por vezes desaparece, como no encontro entre Diotima e Clarisse, e por vezes ressurge, como naquele entre Bonadea e Diotima. Clarisse, no ápice do «fanatismo», pensa a transgressão como *delito*: um pensar mesmo transgressivo deveria para ela inserir-se no *cometer* um delito. Diotima se proíbe com a mais insone atenção delírios similares, no entanto adverte constantemente de seu perigo. Assim vive a ideia do adultério com Arnheim, da ruptura da ordem aristocrático-burguesa em cuja sombra acreditou poder desenvolver a própria ação. Também Diotima está às vezes em meio «a uma forte embriaguez espiritual» (I, II, CV, p. 691); também para Diotima nunca poderá ser alcançada uma meta só «com frias ponderações (*durch nüchternen Abwagen*), com confrontos e investigações» (I, II, LXXV, p. 437); ocorrem os flashes da inspiração, para que a obra à qual se dispõe possa de fato «redimir» (I, II, XLIV, p. 241). E ela fala do poder do «símbolo» (por exemplo, I, II, LVII, p. 313) em termos aparentemente não dessemelhantes de como falará o jovem Sepp; mas é sempre como se olhasse para este mundo, o mundo dos verdadeiros fanáticos, do limiar. No romance ela desempenha verdadeiramente o papel de uma «divindade do limiar», incerta entre as duas dimensões que juntas une e divide: distante tanto do delírio de Clarisse quanto da *techne politiké* do astuto navegador, do amor de si com o qual Arnheim pretende estar seguro dos assaltos do acaso.

O grande personagem de Arnheim (que só «perfidamente» pode ser sobreposto a Rathenau),[3] justamente por representar o oposto simétrico de Clarisse, defende-se também do amor de Diotima: sua proposta de matrimônio é um projeto calculado para antecipar os movimentos do adversário (a imprevista atração que ele experimenta pela mulher) e manter o controle da situação. Aquilo que é paixão por Clarisse, perigo sofrido por Diotima, erros--errâncias pelos «espíritos amigos», é para ele variáveis e fatores do Grande Jogo: o Jogo do universal compromisso, da Conciliação. Sua decisão consiste em «comprometer», em reduzir todo oposto, oportunamente emasculado, à «indeterminação plena de solenidade» (I, I, XVII, p. 80) que é própria das grandes Sínteses. *Zivilisation* e *Kultur*, Cultura e Capital devem poder ser conciliados; um espírito secreto da unidade circula para ele em toda forma do agir humano. Conexão é sua palavra mágica e é, antes de tudo em si mesmo, no seu «mito», que ele gostaria de conectar amor e economia, poesia e negócios, química e viagens de canoa, ciência e bolsa: «numa palavra, ele é numa

3. Além disso, na famosa resenha de 1914, *Nota a una metapsichica* (*Saggi*, pp. 20 ss.), o juízo de Musil sobre Rathenau não havia sido de fato liquidatário; Musil sublinha, antes, a audácia da empresa de Rathenau, «provavelmente sem esperança», mas extraordinariamente, já por si, meritória, de descrever «a experiência viva da alma» num mundo sem Deus, completamente pós-nietzschiano.

única pessoa o que nós todos somos separadamente» (I, II, XLVII, p. 256).

Arnheim exprime a *facies* católico-romana do espírito do capitalismo: o contracanto dos Buddenbrook. Não só porque ele intui que nenhum *nüchternes Denken*, nenhum desencanto e nenhuma sobriedade intelectual podem apagar o «fogo inefável» (I, II, XLVI, p. 252) que arde na moral, mas também, diria schmittianamente, por aquela insuperável necessidade de *grande forma* política que continua a afirmar-se também no mundo aparentemente dominado pelo anônimo cálculo técnico-econômico. A Igreja católica é cara a Arnheim como *concordantia oppositorum*, energia como nunca indispensável numa época de «anarquia geral» e de «incoerentes extremismos» («*Extreme ohne Zusammenhang*», I, II, XLIX, p. 266). Mas nem mesmo o catolicismo romano ainda bastaria para ajudar *das hilflose Europa*, porque mesmo em relação à «grande forma» católico-romana é preciso promover a exigência de conexão com a filosofia verdadeiramente determinante da época, *a filosofia do dinheiro*, sobre a qual ele com grande lucidez reflete no capítulo CVI. A moral se funda em repetições e regularidades; nenhuma prescrição poderia valer de outro modo. E se funda, ainda, no cálculo egoísta que todo mundo é capaz de fazer em relação à tutela do próprio interesse. «Mas essa qualidade de repetibilidade, própria da moral e da inteligência, é no mais alto grau inseparável do dinheiro: o dinheiro se identifica inclusive com ela...» Por isso o dinheiro é «um bocado semelhante a todas as forças espirituais, e a partir de seu modelo os cientistas decompõem o mundo em átomos, leis, hipóteses e estranhos signos algébricos, e a partir dessas ficções os técnicos constroem um mundo de coisas novas» (I, II, CVI, p. 695). (E me parece muito evidente a influência dessas páginas musilianas sobre a *Filosofia do dinheiro* de Simmel.)

Cabe ler além da ironia às vezes feroz com a qual Musil parece liquidar Arnheim como representante da «classe média espiritualizada» (I, II, LXXXVI, p. 532); sua figura, central para entender a estrutura do romance, é *também* a de um hofmannsthaliano *homem difícil*, só aparentemente seguro no terno de um grande alfaiate inglês (I, II, XLIV, p. 240). Ele vive com temor o crepúsculo daquela ética do capitalismo em cujo seio havia sido criado; compreende como o «irracional» ameaça por todos os lados o «ordenamento grandioso», a extraordinária *ficção*, que funda na perseguição egoísta do interesse individual a ideia de um Bem comum. E, no entanto, com absoluta ausência de ironia («Arnheim sempre tivera uma repugnância quase mórbida pela ironia e pelo humor, *Witz und Ironie*», I, II, CXII, p. 749), aquela ausência que talvez seja a verdadeira razão que o torna à primeira vista «extremamente intolerável» para Ulrich (I, II, XLIII, p. 237), Arnheim persegue o escopo de transformar o irracional em energia «positiva», em elemento regenerador da potência do cálculo, da técnica, da *Zivilisation*. Arnheim pretende absorver e metabolizar as atividades decisivas da vida que se desenvolvem «*jenseits des Verstandes*» (I, II, CXIV, p. 783), além do intelecto calculista e planejador, todavia conservando nele a força e a «grandeza» justamente no âmbito da organização «empresarial» da sociedade e da filosofia do dinheiro. É urgente, para ele, emancipar-se do raso racionalismo, mas a fim de «fagocitar» as energias dos seus fanáticos opositores no interior de uma nova Ordem, numa superior Concórdia; o Grande homem deseja reabrir as «vias da alma» para a *Zivilisation*, porque pensa que o Grande Sistema não pode funcionar bem sem o seu alimento.

Por isso, parece a Arnheim uma utopia reacionária querer apenas conter o «irracional» ou, pior, excluir-prender as energias «delirantes» que a alma contemporânea recria. Ele é o profeta de uma utilidade superior delas, interpreta-as providencialmente no fio de um congênito progressismo (totalmente em contraste com aquelas mesmas tendências). Antes, esforça-se para persuadi-las a esse destino delas: o seu extremismo juvenil deverá terminar dialetizando-se à potência de indústria e comércio, que não consiste para ele no progresso do especialismo por si só, no árido *calcolemus*, mas na construção de um Inteiro orgânico, do *Zusammenhang*, exatamente, de poder político, negócios e espírito. Uma ordem capitalista ética dirigida por uma classe dirigente econômica, política e espiritual: esse é o seu projeto. E nessa Síntese a finança e o Dinheiro poderiam ter desempenhado o papel que na *respublica christiana* havia desempenhado a Igreja católica (I, II, L, p. 269).

Por dever se arriscar à assimilação do «veneno», Arnheim tem necessidade vital dos mesmos elementos que reputa absolutamente inferiores ao «grande formato» de seu personagem. Ao fagocitá-los, é fagocitado por eles — mas justo nos seus aspectos menos nobres. Arnheim é fisiologicamente incapaz dos delírios de Clarisse, bem como do autêntico entusiasmo de Diotima. O que para elas se torna vida, para ele permanece no meio entre cálculo e intenção: capturar as energias da alma para colocá-las a serviço de uma nova Idade, chamando-a, com Ulrich-Musil, uma idade weimariana da indústria e do comércio. Sua relação com o fanatismo se desenvolve a salvo de todo risco autêntico. É isso que Ulrich detesta mais profundamente. Arnheim tem uma relação com o multiverso dos fanáticos pelo aspecto mais moralista deles, bem o que Clarisse pretenderia a todo custo ultrapassar:

o querer harmonizar mundo e valores, o não suportar que «no mundo tudo é como é, e tudo ocorre como ocorre».[4] Arnheim é o Conciliador — mas também o fanatismo que exige a realização intramundana dos valores o é. Ambos são *facies* da época das «visões do mundo» — e ambos são a negação do desencanto *desesperado* que é a cifra de Ulrich. (Clarisse, note-se, não busca a conciliação de fato; para ela vida autêntica só existe além de toda dialética, no ir fundo neste mundo e em cada valor nele realizável.)

---

4.   *Tractatus* 6.41.

FRAGMENTOS DE VIDA OFENDIDA E INFELIZ II

Não há encontros entre Clarisse e «os jovens amigos»; e o Mestre, Meingast, foge da jovem «em fuga» para Moosbrugger. Tanto o jovem quanto Meingast falam *também* a linguagem de Arnheim. Alma e símbolo são as palavras-chave da sua paradoxal afinidade. Se uma época de pensamento sem alma parece intolerável para Hans Sepp, ela é «mal organizada» também para Arnheim. Parece essencial para ambos que haja sempre um ideal, um escopo, um programa, que o presente seja interpretável e vivível somente à luz do que deveria ser. Aqui se dá o essencial, a diferença metafísica em relação ao ensaísmo de Ulrich: ele renunciou a toda confusão entre ser e dever ser, entre mundo e valor, mas não simplesmente para falar do que é e basta, mas do que é e do que poderia ser (I, II, CIII).

Ulrich opera uma distinção fundamental entre a esfera do *Sollen* e a esfera do possível. O que é não é certamente afirmável como o que deve ser, mas tampouco podemos dizer que seu único sentido consiste no que será. Ela não é senão um dos infinitos possíveis, e é por isso de todo legítimo interrogar-se sobre outros possíveis, não permanecer prisioneiros daquilo agora e*m ato*. Nunca, todavia, a interrogação acerca do possível poderá fazer-nos evadir ou «infuturar» no puro Dever ou em direção a um último Valor.

Para Sepp e seu círculo a energia da alma urge à criação de um Símbolo, que assuma um relevo imediato também histórico-político. Para Ulrich (que tem «bastante compreensão dessas coisas») parece que eles chamam de símbolo «as grandes construções da Graça, que tornam claro e grande o que na vida é enganoso e empobrecido [...] Símbolos eram o retábulo de Isenheim, as pirâmides egípcias e Novalis, Beethoven e Stefan George...» «*In nüchternen Worten*», em palavras pobres e sóbrias, seja o que for o símbolo, não é exprimível (I, II, LXXIII, p. 426), não se o contempla, se o produz. Não é objeto, mas obra: e essa obra eles veem encarnar-se num «complexo de povos e costumes» pangermânico e ariano. Portanto, nada mais estranho para Arnheim, cuja ação humanitária e cosmopolita é vista por Sepp como uma «monstruosa infâmia» cometida contra o germanismo (I, II, CXIII, p. 755). E, no entanto, trata-se de uma inimizade inseparável : eles se encontram numa ideia, que Musil julga absolutamente errônea, da relação entre alma e espírito, numa imagem da força ambiciosa e indistinta do símbolo.

Meingast, o Mestre, destaca-se nitidamente das juvenis exuberâncias cristão-germânicas dos «jovens amigos». É bem consciente dos limites da teoria deles. Nos seus confrontos com Ulrich, não assume de fato o tom um pouco paternalisticamente didascálico que tem nos confrontos com Hans Sepp; considera, antes, que seu pensamento é inegavelmente interessante (I, II, XLIV, p. 240). Um repugnante falastrão *pensante*, poderia defini-lo (enquanto os jovens lhe parecem simpáticos, mas sem pensamento). E o interessante de Meingast está precisamente na coerência com que *de-cide* a dimensão da alma da do espírito, a *Seele* do *Geist*, opondo-as de maneira resoluta num antagonismo sem compromissos. É pela radicalidade de seu anti-intelectualismo que podemos encontrá-lo nas «paragens» de Clarisse, distante tanto do conciliador Arnheim quanto do ingênuo (e *periculosum maxime*) *engagement* dos jovens. Ele despreza a atualidade antifilosófica e vil, o espírito de adaptação ao que ocorre, que é o mesmo da democracia; considera, precisamente, que o intelecto não é senão o instrumento «de uma vida seca»; mas não se arrisca a proclamar abertamente que o mundo necessita de «uma loucura boa, potente» (II, III, XIX). Limita-se a querer conhecer o que o espírito, o intelecto, a ciência ignoram ou removem: ou seja, que o mundo das imagens e dos símbolos, onde a alma reside, não pode ser reduzido a objeto de consideração científico-analítica, que o símbolo não é decomponível como um símile ou uma metáfora; que toda experiência possui em si um outro aspecto, que a faz similar ao sonho, um aspecto visionário que se manifesta fenomenicamente.

O pensamento de Meingast-Klages se reveste de grande interesse para Musil[1] e suas ideias estão destinadas a desempenhar um papel significativo para o «Reino dos mil anos». Ele desmantela o mundo da ontologia, que se rege sobre a divisão do ser em duas partes, alma e corpo.[2] O mundo da ontologia é o mesmo do *Geist*, da espiritualização de toda experiência e de toda expressão. Mas a alma colhe o inteiro: ela está junto ao corpo como o

---

1. Sobretudo *Vom kosmogonischen Eros* (1922) parece atrair a atenção de Musil (*Diari*, pp. 908 ss.). Isso nada tira da «inimizade instintiva» que ele sente pelo personagem (*Diari*, p. 1158). Sobre Klages no contexto dos problemas estéticos e psicológicos do tempo, cf. G. Moretti, *Anima e immagine*. Milão: Mimesis, 2001.

2. E. Cassirer, *Filosofia delle forme simboliche* [1923-1929]. Florença: La Nuova Italia, 1966, v. III, t. I, p. 133.

conceito está na palavra. Eis o primeiro, fundamental *símbolo*: a Uni-duidade alma e corpo, «que não se deixa converter pelo pensamento nem numa relação de coisas nem numa relação causal».[3] Precisamente à luz dessas ideias Meingast «interpreta» o comportamento de Clarisse, a visão dos nexos inauditos entre manifestações sensíveis exteriores e significados, que ela exprime. Clarisse goza-sofre de uma percepção *demoníaca* do inteiro, que o sadio intelecto jamais poderá resolver ou «bonificar». Ulrich, no final, compartilha esse desencanto da virtude da ontologia, que, de algum modo, integra a sua dúvida lógico-estatística, e o itinerário ex-tático da última parte é também legível como uma crítica de linha klagesiana da psicologia moderna. Todavia, Meingast permanece, mesmo em relação a Clarisse, um falastrão repugnante, participante de pleno direito da *Schwärmerei*.

De fato, nem Meingast nem o jovem Sepp nem, por outro lado, Arnheim definem o significado de alma e espírito e, logo, da relação entre eles. Para Arnheim espírito

3. *Ibid.*, p. 134. Sobre a relação de Musil com Cassirer, vejam-se os materiais recolhidos em *O homem sem qualidades*, vol. II, segunda parte póstuma, texto estabelecido e anotado por E. de Angelis, tradução de E. de Angelis e A. Rho, com Apêndices, julho de 1995, pp. 1249 ss. Trata-se da mais completa pesquisa sobre todos os materiais póstumos do romance (de agora em diante *De Angelis*). Sou gratíssimo a Enrico de Angelis por tê-lo disponibilizado para mim a seu tempo.

significa apenas racionalização, «contida» nos seus efeitos mais desenraizantes por uma visão oleográfica dos mundos da alma e do sentimento. Mas espírito não se reduz à vontade de poder técnico-econômico, e, vice-versa, é justamente do mundo da alma que podem desprender-se as energias mais dilacerantes e delirantes. Meingast tem, portanto, razão *versus* Arnheim em desprezar sua católica *concordantia oppositorum*, e é, porém, vítima de uma embriaguez oposta e complementar quando pretende separar abstratamente espírito e alma, reduzindo-os ao papel de meros opositores. Meingast entende, no fim, «espírito» exatamente como Arnheim e, por isso, coerentemente, vê suas relações com a alma. Mas espírito é também aquela *ordem* imaginativo-construtiva e lógico-matemática que Ulrich já encontrou. O mundo do espírito é complexo e contraditório como o da alma. Tipificá-los abstratamente é, decerto, fanatismo. Ulrich não busca conciliações fáceis; exige determinação e precisão. Alma é *também* o que sem dúvida queriam Meingast e, mais ingenuamente ainda, mas de modo menos tagarela, Sepp; ou seja, a alma é constituída também pelos seus próprios *perigos* (porque é risco, aventura e *Versuch*). Mas alma é também tentativa de definir-se com sabedoria ensaística. E, por esse lado, não contradiz o espírito nem se confunde com ele; as duas dimensões podem problematizar-se reciprocamente e entrecruzar-se sem confusão. Essa é a perspectiva ao longo da qual avança Ulrich com consciência cada vez mais clara, por meio da catástrofe da Ação paralela e do seu mundo.

FRAGMENTOS DE VIDA OFENDIDA E INFELIZ III

O mundo das visões de mundo, o *gedeutete Welt*, do qual se lamentam as *Elegias de Duíno*, não se limita às *personae* que ambicionam, de um modo ou de outro, transformá--lo, e às suas vítimas, as mulheres: Diotima de Arnheim, Clarisse de Meingast (mas ainda mais do que o Nietzsche dos nietzschianos), Gerda de Hans Sepp. Mesmo aquelas que se lhe opõem participam com pleno direito do espírito da época.

Eles são antes de tudo os pretensos *realistas*. Sua *fé* consiste em considerar a priori politicamente irrealista tudo o que extrapola os limites da conservação ou, mais, do linear progresso do *status quo*; tudo que não é dotado de poder atual e efetivo, que não dispõe de algum meio de «violência legítima», é para eles nada menos que entusiasmo juvenil, a vigiar, sim, com grande cuidado, e punir talvez de vez em quando, mas nada mais, afinal, do que um conflito geracional no seio de uma família burguesa normal. Claro, a visão que eles têm do mundo pretende apoiar-se em sólidas experiências, e na maior parte dos casos os realistas têm razão, mas há momentos em que sua fé parece tragicomicamente cega e seus efeitos são, então, catastróficos. A época que Musil representa é uma dessas.

Tudo é harmônico no romance, e, assim, também os realistas entrecruzam suas linhas de vida com diversos *Schwärmer*. O conde Leinsdorf manifesta muitas vezes um lado Arnheim (que, no entanto, detesta): seu discurso sobre a *Kultur* que não soube manter seu equilíbrio com a riqueza (II, III, XX) está em perfeito «formato» arnheimiano. Mas o que para o Grande Escritor é projeto e dever, para ele é nostalgia de uma ordem passada, de uma suposta *concórdia* hoje ameaçada e que é a todo custo defendida. Ficaria tentado a acolher a «grande ideia» de Diotima (a Kakânia como Exemplo universal), mas desconfia, precisamente, da forma entusiástica com a qual ela a exprime. Diotima pensa num tipo de *mobilização geral* das energias jovens para a realização da ideia; para o conde, ao contrário, trata-se de apresentar adequadamente aquilo que o Império é ou, pelo menos, foi.

O equívoco entre essas duas perspectivas domina toda a Relação que ele apresenta aos honoráveis membros do Comitê. A grande Ação Patriótica não pode ter, para o conde, nenhum caráter «democrático» (I, II, XXI, p. 115), cujo «vórtice materialista» está arrastando os povos europeus; ela é «orientada» do alto, «guiada por uma autoridade provedora e clarividente» (I, II, XLII, p. 227), que saiba compor toda dissonância de maneira preventiva. Mas precisamente o dar-forma à época não é para ele, como para Arnheim e Diotima, uma tarefa a realizar, mas sim, essencialmente, um estado a conservar. Trata-se, para o realista, de «simplesmente» conter as pressões desagregadoras que se agitam nas diversas nações e facções do Império, de favorecer suas tendências conservadoras (não somos, no fundo, *também* todos socialistas?), e a solidez da Kakânia emergirá em toda sua luz bem plantada sobre a rocha de seu Imperador.

O realista é animado, pois, por uma vontade de conservação, ou melhor: «pela necessidade prática», e não «*von der Macht der Idee*», pela força da ideia (I, II, LXXV, p. 437). A necessidade prática é defender a imagem de solidez e concórdia da Kakânia, fazer também aparecer suas dilacerações como um testemunho de galharda juventude. Mas essa é, justamente, uma ideia. O conservador, longe de ser «simplesmente» realista e pragmático, não pode não *se fingir* o Estado que quer defender. E, além do mais, a sua será uma ideia privada de todo *Macht*, de toda efetividade. Sobre esse paradoxo Musil escava impiedosamente, «desmontando» a imagem dos realistas. Eles se creem fortes quando são duplamente impotentes: em relação à realidade efetiva da Kakânia e do confronto entre suas nações, e em relação aos «fanáticos», de cujas ideias não compreendem o perigo real, nem a origem, nem as razões. A utopia dos realistas é, por isso, uma má utopia, fundada na ilusão de que o simples chamado à concretude possa por si produzir algum conhecimento exato da situação ou algum projeto preciso e de que a ideia de que a natureza humana seja essencialmente conservadora possa constituir algo diverso de qualquer outra visão imaginária do mundo.

As ilusões, a *Illusionspolitik* do conde Leinsdorf, são compartilhadas também por outras figuras de realistas, o diretor de banco Leo Fischel e Tuzzi, o chefe de divisão, mas também marido da deusa tutelar da Ação, Diotima. Eles todos creem que, no final, os negócios humanos podem ser conduzidos alavancando a racionalidade com a qual cada um perseguirá o próprio desejo egoísta (má utopia que os põe também em relação com Arnheim, mesmo detestado por Tuzzi com ainda maior força e com motivos mais bem fundamentados para o quanto não detesta Leinsdorf). Tanto Fischel quanto Tuzzi não apenas são uns reacionários, como o conde, mas carecem de requisitos mínimos para entenderem realisticamente a época e não terminarem atropelados por ela. Diante da invasão cristão-germânica da família conduzida por Sepp, Leo Fischel, pai de Gerda e «repudiado» pela filha, não pode invocar a ajuda de Ulrich. E Tuzzi, por sua vez, é totalmente impotente para compreender o que acontece na sua casa, mesmo que sinta o fedor da catástrofe que o envolve. Tuzzi é por certo o mais realista e nem por isso enfatuado pelos sonhos de harmonia entre os povos da Kakânia, que Leinsdorf repete. Mesmo Fischel declina com sobriedade burguesa a lição de realismo, da qual se gostaria de informar a Ação. Mas é exatamente o «bom senso» que não pode ver senão «fanfarrices indignas» nos ideais dos fanáticos (I, II, LI, p. 276), ou deter-se em uma suspeita sadia em relação a toda manifestação demasiado profunda de espiritualidade.

Ulrich escuta com simpatia esses personagens, mesmo o chefe de divisão Tuzzi, superando um sentimento inicial de aversão, porque eles «farejam» a intolerável presunção que quase sempre se manifesta no «pensar bastante» (I, II, XCI, pp. 565-8), e compartilha, ainda mais fortemente, a arraigada suspeita deles em relação ao tipo-Arnheim, àquele que «carrega sua alma no bolso interno do paletó como uma carteira» (II, II, XXXVIII, p. 195). Tuzzi, aliás, alcança uma intuição dramática do grande Jogo que está devastando seu «mundo antigo», sempre que, saindo da sua habitual discrição, declara a afinidade entre o pretensioso que sonha poder realizar as próprias ideias políticas e o falido e o delinquente (II, III, XV, p. 196). Essa é uma ideia *à moda de Ulrich* — ideia que as *Weltanschauungen*, por força da sua imanente tendência a querer reconstruir o mundo à própria imagem, podem todas conduzir ao delírio. E *à moda de Ulrich* poderia também parecer o paradoxo que, agora na conclusão do caso, o chefe de divisão expõe sobre o pacifismo como «o terreno seguro e durável para a indústria bélica» (II, III, XXXVI, p. 469). Mas o ponto de vista dos realistas permanece, entretanto, pateticamente irrealista em relação a ambos os delírios complementares e opostos: o do círculo mágico de Gerda e o da Ação paralela.

O fato é que nenhum deles tem senso do possível. Como os fanáticos, aliás: estes manifestam exclusivamente um infinito senso do ideal e do dever; aqueles, um insensato senso de realidade. Os fanáticos não sabem sair da prisão do mundo-como-é senão fingindo ideias; os realistas imaginam que do próprio coração dessa prisão partem vias maravilhosas e progressivas de liberdade e de progresso. Não tendo nenhum senso do possível, eles carecem, uns e outros, de ironia. Carecendo de ironia, dependem do acaso e não sabem desenvolver nenhuma *pesquisa* acerca de suas ordens, de suas regularidades. Os realistas continuam a operar como se o Eu fosse ainda calculável-salvável, aliás: eles pensam viver ainda no seu reino, mesmo que este já não apresente as sólidas fundações de outrora. E, com base na ideia de que a soberania do Eu possa ainda durar, eles traçam programas, estabelecem hierarquias, creem no progresso (com muita moderação, seja dito; por certo não mais do que poderia crer um liberal oitocentista). Os realistas vivem na grande ilusão de que as doenças do Eu possam ser de época, que, uma vez imunizado pelo contágio de fanáticos e diletantes, seu destino possa continuar a desenvolver-se alegremente. Claro, a sua visão de mundo não é de fato simples e unicamente reacionária, como a do velho pai de Ulrich, para quem é até mesmo blasfêmia toda ideia, mesmo só a de relativizar o conceito de responsabilidade, isto é, de imputabilidade do Eu. Não leram Nietzsche (e nem mesmo Rathenau), mas lhe advertiram, por assim dizer, a «aura»; estão dispostos a compromissos, buscam até escutar a voz dos adversários. Compreendem que são ameaçados: o drama do burguês judeu, perfeitamente integrado, Leo Fischel, é descrito por Musil com uma ironia plena de *pietas*. E, no entanto, não podem pensar senão dentro da gaiola de seu mundo, da sua *representação* do mundo, que é inexoravelmente o de ontem.

FRAGMENTOS DE VIDA OFENDIDA E INFELIZ IV

As *Weltanschauungen* não só aprisionam, também ferem; mas suas vítimas são seus primeiros cúmplices. Quem não sabe proclamar visões de mundo não é essencialmente aquele que soube criticá-las, *ironizá-las*, mas aquele que já se desespera de podê-las realizar. Entusiasmo, fanatismo, diletantismo, falatório se encarniçam, então, contra o melancólico; querem puni-lo por sua pretensa traição. E o melancólico elabora, como sua única linha de defesa, uma ideologia feita de solidão ressentida.

Nesse sentido, o homem do ressentimento é, no romance, Walter: ressentimento em relação à época que não o compreende («*Heute ist alles Zerfall!* Hoje tudo é ruína», I, I, XVII, p. 82); saudade de épocas e autores abstratamente idealizados, junto aos quais busca abrigo em vão («a um certo ponto traçou um limite — que na música incluía Bach, na poesia Stifter e na pintura Ingres — e declarou sobrecarregado, deteriorado, pretensioso e decadente tudo que viera depois...», I, I, XIV, p. 66). O homem do ressentimento fala como um reacionário sem sê-lo; enquanto o reacionário *está* acima dos princípios que se opõem à «decadência», Walter não suporta a ideia de não ter conseguido atravessá-la vitoriosamente. O reacionário pode ainda iludir-se de poder combater seu tempo, Walter pode apenas buscar esconder-se da derrota. Mas justo isso lhe é impossível: Clarisse, o lado nobre do «delírio» universal, está ali para impedi-lo a ele; assim como seu desesperado amor pela esposa, que é amor e nostalgia pela juventude falida, pelo sonho não realizado. Ele não pode, como ao contrário Ulrich consegue, despedir-se de verdade daquele sonho, só pode fingir desprezá-lo. O homem do ressentimento não sabe elaborar o seu luto, sobrevive à própria morte.

A sombra do ressentimento está sempre à espreita para quem muito jovem amou «somente os móveis frios e claros» e pendurou na parede da sua sala quadros «que representavam a verdade» (I, II, LXXXV, p. 599) — Ulrich sabe-o bem. O ressentimento paira nas breves histórias do amado Altenberg (para não falar do «ditador» Kraus!).[1] Serem inatuais até se tornarem póstumos traz esse risco: defender-se do entusiasmo delirante e do falatório diletante detendo a própria *ironia*, bloqueando toda *curiositas*. Mas inatualidade pode também significar senso do possível, utopia de ensaística exatidão — que abre para não sabemos onde. Por isso Ulrich não esquece e muito menos repudia a raiz comum com Walter: mas será um homem do ressentimento e, todavia, adverte que o infeliz destino do amigo é *um possível* que lhe pertence, que representa uma das suas *possíveis* existências. Talvez a diferença entre os dois seja Clarisse, o amor de Walter por Clarisse. Ulrich poderia ter-se tornado o homem sem qualidades se houvesse amado Clarisse como Walter? Se

1. Na fenomenologia de *O homem sem qualidades* percebe-se, talvez, a falta dessa figura, mas não seria difícil reconstruí-la tendo como base muitas páginas dos *Diari*. «Muito antes dos ditadores, nossa época produziu a veneração espiritual dos ditadores. Ver George. Depois também Kraus, Freud, Adler e Jung. Acrescentem-se aqui Klages e Heidegger. O elemento comum é certamente uma necessidade de domínio e de guia, da essência do Redentor» (*Diari*, p. 1324). Kraus poderia ter representado a outra face do tipo-ditador em relação àquele Meingast-Klages: a expressão da «má consciência objetivada», da invectiva contra a ausência de moral que termina com o ser estéril tanto quanto os entusiasmos ideológicos (*Diari*, p. 937). Mas tanto Kraus quanto Freud pareciam a Musil questões «bastante grandes» para poderem ser postas diretamente em confronto com as outras *personae* do romance (cf. *Diari*, p. 1250).

houvesse sido «arrebatado» por Clarisse? De qual amor pode ser capaz o homem sem qualidades?

Para Walter, «sem qualidades» é sinônimo de «vazio», aliás: de um abismo sem fundo de inteligência («*Ein bodenloser Abgrund von Intelligenz!*», I, I, XVII, p. 82: inteligência sem emprego, sem meta, sem objetivo; uma inteligência que afunda em si sem porquê). É Walter que inventa essa definição, que lhe vem «como o primeiro verso de uma poesia». Mas, para ele, «sem qualidades» significa, exatamente, *nada*. É absolutamente surdo para entendê-la como abertura de horizontes possíveis. O homem sem qualidades é *nada* porque não *possui* nenhuma qualidade; tudo o que manifesta é como se não lhe pertencesse. A lógica do homem do ressentimento é, por isso, a que concebe o possível apenas como possível *real*, como possibilidade que se «existensifica» cessando de ser assim e se determina como posse sólida. Essa é, no fundo, a mesma lógica daqueles que nada parecem compartilhar com o caráter-demônio de Walter! É a quintessência dos realistas pensar que o possível é apenas o que é real; é, por outro lado, fundamento do tipo-Arnheim a ideia de que as qualidades de uma pessoa lhe pertencem como nos pertence uma coisa. Justamente porque não sabe ser inatual senão na forma do ressentimento, Walter é atravessado por todas as linguagens da atualidade. E, quanto mais percebe isso, mais afunda na solidão.

Também Meingast (que trata Clarisse como vil) considera a inteligência um abismo sem fundo; também Hans Sepp acusa a aridez do intelecto; também Arnheim quer conciliar vida e poesia. E Walter, que não tem nenhuma afinidade com seus demônios, é todavia obrigado a defendê-los (I, II, LIV). É assim que ele desejava *superar* a decadência: harmonizando arte e vida. O naufrágio desse ideal o conduz ao ressentimento. Os homens do ressentimento são os Ultrapassados falidos, que não sabem reconhecer a necessidade da própria falência e que, por isso, não sabem *ironizar* nem sobre o entusiasmo delirante, nem sobre o realismo dos conservadores. Os homens do ressentimento têm uma única via de saída, e é a tentação que dilacera Walter: transformarem-se em homens do subsolo.

O espectro das visões de mundo percorre o caminho dos seus Mestres e profetas, por meio de todas as máscaras dos ideais da Conciliação, sejam eles conservadores ou revolucionários, até a dolorosa figura de suas vítimas cúmplices. Ulrich visita todos os seus círculos, saboreia todas as suas ideias, lhe indaga as aporias. O homem sem qualidades delineia a própria figura nesse confronto cerrado. E nesse itinerário ele encontra um aliado talvez inesperado: a estupidez. Não a estupidez pretensiosa que avança «sob a égide do partido, da nação, da seita ou da tendência artística e pode dizer 'nós' em vez de 'eu'»,[2] nem a estupidez que confia no turbilhão das palavras confusas e flutuantes para esconder a própria impotência em alcançar alguma definição apropriada. Claro, também essa estupidez desempenha um papel útil em muitas ocasiões, logo que um estado emotivo particularmente intenso nos assalta; a inteligência, então, é necessariamente sub-rogada por uma boa dose de estupidez. Não é sempre que nem o melhor Wittgenstein pode fazer uso da navalha de Ockham.

Mas a estupidez que Ulrich acompanha voluntariamente, a quem trata afetuosamente por tu, é a de Bonadea e, mais ainda, a estupidez honesta e até inteligente do general Von Stumm. A estupidez deles é capaz de revelar, com «soberana» inconsciência, a incomensurável vaidade da Ação paralela; é justamente a fundamental incompreensão que têm dos acontecimentos, da qual de longe participam, que revela toda sua insensatez; é seu esforço sério, honesto, empenhadíssimo para compreendê-los que lhe desmonta impiedosamente a pretensa «grandeza». Nessa estupidez Ulrich se inspira. Trata-se de uma involuntária maiêutica, e, por isso, ainda mais

2. R. Musil, «Sulla stupidità». In: _____. *Saggi*, p. 169.

significativa. Em todos seus diálogos com os personagens da Ação o general, completamente inábil para as virtudes militares, espreme deles, sem que estejam cientes, destilados de vaidade e presunção, dissemina seus percursos de buracos e armadilhas, nos quais inexoravelmente acabam por cair. Diante da estupidez é fácil desnudar-se sem se dar conta. A estupidez honesta parece inócua, e é justo isso que a torna demasiado perigosa. Assim Arnheim cai diante de Stumm, como Diotima diante de Bonadea no seu hilariante diálogo a propósito da fisiologia da vida sexual (II, III, XXIII). O mundo das visões de mundo se rende diante da estupidez que parece venerá-lo. Ela parece, no fundo, ainda mais corrosiva do que os paradoxos do homem sem qualidades.

«Nada é tão perigoso para o espírito quanto sua ligação com as grandes coisas» (I, II, XC, p. 544). O estúpido honesto não corre esse risco; mais ainda, o estúpido honesto sabe extrair do «grande espírito» as «grandes ideias» e jogar-lhes na cara na sua sempre imensa superficialidade. Então, da modéstia que deriva de não ser consciente disso, ele as sabe criticar, de fato, até dissolver sua consistência (e isso vale também em relação aos realistas: leia-se o colóquio de Von Stumm com Tuzzi, II, III, XXXVI). Há aí uma graça na estupidez que falta completamente a toda visão de mundo, e que agrada, ao contrário, ao homem sem qualidades, uma capacidade sua de imagens de arte (*Saggi*, p. 183), uma total ausência de ressentimento, alguma vaga afinidade, inclusive, com aquela pobreza de espírito, talvez em vão invocada por Rilke e pelo jovem Lukács.

É pelo confronto com essa estupidez que Musil «abre» a nova via do romance, depois de ter narrado a catástrofe da Grande Estupidez da Ação paralela. O antagonista da estupidez decerto não pode ser o jogo das visões de mundo, tampouco o mero intelecto. Apenas uma nova ideia de *Geist*, modestamente consciente de seus entrelaçamentos com a estupidez, porque não separado nem separável dos mundos do sentimento, pode abrir para um novo horizonte. Significativo, aliás: o significativo («*das Bedeutendes*», *Saggi*, p. 187) seria *decidir-se* exprimir com exatidão a relação entre espírito e alma, decidir-se *por* aquela opinião absolutamente falsa «segundo a qual um caráter profundo e genuíno não teria necessidade do intelecto» (*Saggi*, p. 186), e o sentimento, por sua vez, não conseguiria fazer dar asas ao sentimento. No espelho da estupidez honesta se inicia a advertir a tensão para um «outro estado» a respeito da imediata contraposição entre intelecto e alma. É uma tensão imanente desde o início no caráter de Ulrich, mas que não por acaso se delineia com nitidez, quem sabe pela primeira vez, justo diante do rosto imune de ruindade de Bonadea, e justo na forma do enigma que constituirá a impossível conclusão do romance: a decisão de não amar «nenhuma mulher além de minha irmã» (II, III, XXIII, p. 313).

UNI-DUIDADE DO SENTIMENTO

Quando a irmã reaparece, Ulrich já consumou seu experimento com o mundo da Ação. O ano de férias da vida dirige-se ao término. A morte do pai torna passado toda a vida que transcorreu. O ritmo do segundo volume não é tanto o de uma lenta separação — a separação já aconteceu — quanto o de uma preparação, de uma enigmática preparação, porque ela se desenvolve sem nenhum «projeto» — e, todavia, almeja exatidão. É preciso superar a medida de todas as experiências realizadas, mas para fazê-lo é necessária a máxima precisão (I, II, CI, p. 652). O que *será*, então, Ulrich? E qual deverá tornar-se sua linguagem, para corresponder ao amor que é amar na mulher a irmã? A qual limiar o levou seu ensaísmo? E este poderá ainda servir-lhe? Seu senso do possível se fez bastante agudo para conceber a possibilidade desse amor?

Pouco antes de Ulrich se achar a caminho de casa como «um fantasma errante ao longo da galeria da vida» (I, II, CXXII, p. 889), onde o espera a notícia da morte do pai, a «inversão de rota» (*die Umkehrung*) já se anunciara. Num instante, e justamente diante da imagem de Bonadea, aliás: em um sonho que ela lhe recorda, com um olhar de extraordinária clareza, ele abraça os próprios «bastidores» com tudo que se desenrola na cena (I, II, CXV, p. 798). A parede de vidro que sempre parece resistir entre sonho e vida real, que divide na matéria da *alegoria* o que é referência à coisa real da «atmosfera gasosa» da fé e do sentimento, fende-se para uma impressão que é «impossível descrever». Ulrich adverte ter alcançado o *ponto*, na «praça principal da qual tudo diverge», no instante em que a decisão se torna improcrastinável; e a «estúpida» Bonadea compartilha com ele, com instintiva inteligência, esse instante, não opõe resistência, não faz valer nenhum «direito» seu; gostaria só de traçar uma cruz na fronte do amado para protegê-lo «como fazia com seus meninos. E tudo isso lhe pareceu tão belo que não pensou que era o fim» (*ibid.*, p. 799).

Meditando sobre aquela *clareza* «que havia percebido na presença de Bonadea» (I, II, CXVI, pp. 811 ss.), retirando-se a si mesmo *fora* do falatório da reunião do Comitê patriótico, Ulrich formula um primeiro esboço do pensamento que o acompanhará ao longo de toda a aventura com a irmã. De repente, ele descobre no ensaísmo sobre o qual havia buscado orientar a própria vida (feito de sentido do possível e exatidão fantástica em contraposição à pedante) o predomínio de «certa violência dura e fria», o signo de uma vontade de agir sobre o real com «passionalidade manifesta e privada de toda precaução» (*schonungslos*: sem *aidos*, deveríamos traduzir, ou também sem *pietas*). O ensaísmo conduz a este ponto, ao reconhecimento das duas «árvores da vida»,[1] *Gewalt* e *Liebe*: vontade de poder, mais do que apenas força, e amor. Mas o ensaísmo em si nada sabe do amor, senão que é um estado que está «até nos átomos do corpo», diferente daquele da privação do amor. O ensaísmo exprime essa privação; e, logo, conhece sim o amor, mas exclusivamente na forma da sua ausência. E essa ausência se manifesta mesmo, paradoxalmente, pela presença da força, da *Gewalt*, da vontade de proceder e pensar com lucidez, por meio de cerradas deduções «como no cérebro de um chantagista que encalça sua vítima passo a passo». O ensaísmo pressagia a árvore do amor, mas sua linguagem

---

1. Sobre a imagem das «duas árvores da vida» e em geral sobre toda a problemática do Místico em Musil, cf. A. Venturelli, *Musil. Frammenti di un'altra vita*. Pádua: Messaggero, 1998, e a bibliografia aí discutida.

permanece essencialmente a de uma violência estranha, inaudita— a linguagem de quem sofre dessa mesma força.

Agora Ulrich compreende que sua vida havia crescido dividida (*getrennt*) entre as duas árvores — mas compreende também que essa disjunção é *falsa*. O ensaísmo, então, se lhe revela como aspiração (aspiração de toda sua vida, desde os primeiros «experimentos») a representar-se a impossível união das duas dimensões (de novo: perfeita união sem confusão!) da árvore da força, que exige exatidão, que quer *compreender* o real, com a árvore do amor — mas o que significa o amor? É possível mencioná-lo de outro modo que não seja sofrendo sua ausência? A linguagem do ensaísmo deve render-se diante do problema — outros «guias» deveriam conduzir o homem sem qualidades à exploração da «esdrúxula lógica da alma».

De manhã, na casa em luto, logo depois do encontro com a «irmã esquecida», Ulrich é levado a aprofundar ainda esse pensamento. O impossível não lhe parece incompreensível: que um «presságio (*Ahnung*) de unidade e de amor surgisse do mundo» não soava uma ofensa a seu modo de sentir científico-matemático. A psicologia científica não ensina também que o mundo das imagens se distingue em dois grandes grupos? Nós nos fazemos uma imagem do objeto como espacial, como uma coisa ali diante de nós, *Gegen-stand* — mas estamos certos de que esta constitui a única imagem da coisa construível com exatidão? Também vemos sempre a coisa como se estivéssemos *dentro* dela; nunca podemos contemplar verdadeira e até profundamente alguma coisa sem *penetrá-la*. Essa visão é pura fantasia, algo absolutamente separado da atividade científica? Ou, ao contrário, indica um problema que pode ser rigorosamente indagado: o de uma originária *unidade do sentir* («*Einheit des Empfindens*») da qual pode ter tido origem «o comportamento atual», que parece dispor-se sempre por separações e dualidades (II, III, III)? Como para as duas árvores da vida, também aqui, para os dois tipos de sensação, a «côncava» e a «convexa», a separação delas, que o intelecto parece exigir, é contradita pela experiência.[2] Mas isso depende do fato de que esta última permanece «misteriosamente sombreada por antigos sonhos» (*ibid.*, p. 31), afinal inexprimíveis, ou, ao contrário, pode ocorrer uma linguagem capaz de representá-la? Para ser mais preciso: capaz de fazer justiça à *Uni-duidade* que a constitui?

Em torno da resposta a essa indagação *O homem sem qualidades* deveria concluir-se. O último dos capítulos esboçados, e depois retirado, a repete ainda, segundo

2. C. Monti, «Mancanza-pienezza. L'inversione percettiva di Musil», *Cultura tedesca*, III, 1995, pp. 71 ss.; M. Foschi, «Due ottiche, una realtà. Sul tema 'Fuer-in' in Robert Musil», *Jacques e i suoi quaderni*, Pisa, 23, 1985.

o que é o princípio compositivo verdadeiro e próprio do segundo volume. As duas árvores da vida, os dois tipos de sensação, aqui se transformam nos «dois mundos do sentimento» (II, *Scritti inediti*, pp. 729 ss.). Justamente o ensaísmo, sua utopia, fez cair a imagem asseguradora de «qualquer semelhança captável entre a realidade e a ideia que fazemos dela» (*ibid.*, p. 724); nunca conseguiremos possuir o «original», mas podemos, com um procedimento infinito, apenas tentar melhorar a imagem que dele simulamos para nós. Essa própria aquisição comporta, porém, uma espécie de reavaliação do sentimento, porque nenhuma verdade científica objetiva poderá decretar que os sentimentos descolorem a exata imagem do mundo ou a deformam. Claro, Ulrich não pretende, de fato, saltar no «irracional», nunca poderia considerar que o conhecimento científico é um erro ou seu mundo uma ilusão, mas mesmo os limites ensaisticamente sondados daquele conhecimento impõem agora uma consideração diferente da árvore do sentimento, não mais *getrennt* da vontade e da *Gewalt* do saber objetivo. Aliás: um sentimento é, na sua raiz, também o impulso à determinação, que se desenvolve em sentido exterior; o sentimento é também *o ter em mira* o objeto assim como a sensação côncava o apresenta, induzindo-nos a um agir resoluto, enérgico. O sentimento, além do mais, tem também a possibilidade de um desenvolvimento interior: ele, então, parece abraçar tudo sem objetivo, difundir-se inativo («*umfassend, ziellos, ausgebreitet, untätig*»). Todavia, enquanto o lado aparentemente «positivo» do sentimento termina num beco sem saída e se exaure ao pegar o que tem em mira, aquele indefinido «transforma o mundo com a indiferença e o desinteresse com os quais muda suas cores».

É com a *força* da análise, seja a análise introspectiva, que Ulrich conduz a sua filosofia do sentimento. O ensaio consegue compreender sua uno-duidade ou a inseparabilidade dos distintos. Mas pode exprimir-lhe de outro modo que não repetindo sua distinção? Isto é, «julgando-os» separadamente, segundo a dura lei do *dividir*, do *Ur-theil*? Pode a forma do ensaio aludir ao Uno da uno-duidade senão contornando-o desde o infinito? O ensaio vem a afirmar que os dois mundos do sentimento, apesar da mais radical diferença, não são *decidíveis*. Em outros termos, o ensaio põe a diferença sempre na forma do copertencer-se, mas deixa totalmente não julgada a questão caso se dê um estado no qual a unidade do sentimento tenha voz, na qual ela resulte imaginável, intuível e exprimível. A contradição, a existência de proposições «irresolvíveis» logicamente estão em toda parte na nossa linguagem comum. Pode existir alguém que as «explique»? Permanece indecidível caso haja saído da exatidão do juízo que analisa e distingue, sem se precipitar com isso em fanáticas exaltações — caso possa dar-se *ek-stasis* clara, sóbria, ciente das distinções operadas, apoiadas nelas —, isso permanece o inefável para o ensaísmo. Mas é esse ponto que finalmente alcançou Ulrich através de todas as dobras do seu itinerário.

PARAÍSO PERDIDO

O término é sempre um *re-petir* o início. Ulrich sabe disso — e Musil o sabe nos últimos capítulos inéditos. A ideia de um aprofundamento, de uma submersão em si da vida ensaística era vislumbrada, por outro lado, já no início dos próprios *Lehrjahre* do homem sem qualidades. Ao que mais aludia a «importantíssima história com a esposa de um major» (I, II, XXXII, p. 159)? Aquela doença do major o havia feito penetrar no coração do mundo; como ocorre no sonho, parecia-lhe poder passar através das coisas, sem misturar-se com elas, suprimindo o espaço. Aquela doença lhe havia revelado que o amor não é necessidade de posse, mas «um delicado descerrar-se do mundo, graças ao qual de bom grado se renuncia a possuir a amada». Era uma vicissitude esquecida, eram cartas de amor nunca enviadas e extraviadas — Ulrich se lembra disso logo no início do seu ano de férias da vida — e com ênfases que combinam (o que é essencial para entender o espírito do romance) a linguagem mística eckhartiana com Nietzsche (um Nietzsche, como sempre em Musil, oposto à *Schwärmerei* de quem havia feito dela uma nova *religio*).

Ao íntimo daquela memória retorna o Ulrich maduro, agora para o encontro com a irmã (a qual também emerge do esquecimento). A última parte da obra deveria parecer uma grandiosa *anamnesis*? Onde o «fundo da alma» deveria ter chegado ao próprio *apokalypsis*, rasgando a cortina das vidas inautênticas e infelizes? Não, não há «círculo mágico» em Musil, capaz de fechar-se perfeitamente em si mesmo; o encontro com a irmã re--vive ou re-imagina a «doença» juvenil, mas constitui a um só tempo — ou deveria constituir — sua cura. Nem o acontecimento a que esse encontro leva (a *Zwischenzeit*, o «tabique» suspenso que constitui o tempo da narração propriamente dita) é só erro, «sedução» pelo próprio fim, perda. Apenas em confronto com a vida ofendida e infeliz pode delinear-se a utopia do ensaísmo e da exatidão, que se apresenta ou projeta, no seu lugar-limite extremo, ao *outro estado*. Não há dúvida, todavia, de que a história narrada deva ao fim aparecer como um longo, paciente arranco para poder conseguir descrever com as «puras proposições (*echte Sätzen*)» da linguagem mística o que só havia vislumbrado na simples i-mediatez do entusiasmo. A paradoxalidade da empresa musiliana consiste justo nisto: ganhar a pureza da linguagem mística (na qual *está* o homem interior, mesmo peregrino no turbilhão dos eventos) por meio da aventura ensaística — uma espécie de «buscar oriente por ocidente». Desde os esboços dos anos de 1920 é claramente essa a direção que Musil pretende fazer assumir sua história — e a forma própria do seu narrar. Dá-se passagem entre entrecho-enredo dos acasos e vida feliz? Entre a forma do juízo analisador-separador, ficção necessária para ordenar os acasos e nos permitir, assim, sobreviver, e aquele estado de união-amor confusamente pressagiado nos anos da juventude? Como imaginá-lo? Decerto não na forma de uma ponte, antes na de um furo, de um buraco, que coloque os dois domínios, a utopia do ensaísmo e a utopia da vida feliz, em simultânea ressonância. *Die Reise ins Paradies* se intitulam as páginas que remontam à metade dos anos 1920 em que Agathe e Ulrich (então se chamava Anders, o Outro), não ainda diferentes, ainda verdadeiramente gêmeos, zarpam de toda terra firme, para se encontrarem na mais estreita faixa de areia. Viagem ao paraíso — onde termina?

Por um instante, logo no início de sua estada, a *ek-stasis* parece ocorrer; escancara-se o olhar da outra visão, que permite penetrar os corpos, vê-los no seu próprio interior. Um susto assalta Agathe: ela busca Anders fora de si, «mas o encontra no centro do próprio coração»

(II, *Scritti inediti*, p. 1366). No exterior, só permanece do irmão um «invólucro luminoso e leve». Então, tudo se faz claro, de uma *«übermässige Klarheit»*, claridade sem sombra, sem intervalos, por isso incomensurável. Nada a agita, nenhum pensamento, nenhuma palavra, nenhuma vontade. O jogo das distinções e das diferenças já não tem poder sobre eles: «onde quer que se tocassem, quadris, mãos, uma mecha de cabelos, penetravam um no outro». A alma deles de modo algum perde a forma, mesmo sofrendo de uma tensão espasmódica — mas esse próprio sofrimento é «doce como uma claridade maravilhosa, vivente» (*ibid.*, p. 1367). Talvez nunca, nem nas páginas mais tardias, quando buscava, então desesperado, «concluir» o romance, Musil tenha chegado assim às avessas ao problema do Místico — e, portanto, com a aporia constitutiva que o marca. Porque a desmedida claridade, que no coração da noite subjuga os Gêmeos, é destinada a permanecer ao mesmo tempo *obscura*. O estado do olhar penetrante, o «estado» da unidade sem confusão entre os distintos, continua a poder ser re-*velado* somente pela palavra. Quando a palavra pretende adequar-se à *alegria* daquela claridade des-*velante*, acaba por perdê-la de novo. Dizer aquele «estado» é possível — mas só suprimindo-o. Pode-se apenas chorar por aquela felicidade (*ibid.*, p. 1368), porque ela «dura» até a primeira palavra que busque exprimi-la. Em termos perfeitamente wittgensteinianos, essa *Klarheit* não pode achar-se nos limites da linguagem — mas «os limites da minha linguagem significam os limites do meu mundo».[1] Talvez «incomensurável claridade» — mas só como perfeitamente indecidível, perfeitamente escura para a linguagem. Ao instante da intuição, que arrebata Agathe, opõe-se o discorrer da palavra, cuja potência será sempre impotente ao penetrar o Agora, o *Nunc instantis* do *outro estado*. «Raios de treva» (Juan de la Cruz) são para ela apenas as palavras que troca com o Gêmeo, não são sequer o ecoar da Luz, mas só a expressão escura do anseio da alma para ela, um anseio pleno de memória e miséria, pertencente ao fluxo do tempo, *segundo o comando de Cronos*. Como não considerar também esse anseio, afinal, senão com ironia e resignada distância? Como não renunciar à pretensão de que ele possa ser rastro daquele extremo possível: a impossível salvação ou redenção?

Inventar a forma capaz de narrar o *outro estado* é a «desmesurada» aposta de Musil. Ensaio e ironia são chamados para superar a si mesmos, sem nada perder da sua própria exatidão, senão, aliás, transfigurando-a com clareza. Sua forma dissolveu toda unidade imediata, toda

1. *Tractatus*, 5.6.

aparência de conciliação. Mas extrair uma nova unidade do separado, essa é a «ciência» superior — a cujo problema o próprio sentido do possível devia necessariamente levar, porque toda palavra, na sua estratificação abissal, bem como a urdidura que a torna parte da linguagem, tende à perfeita clareza, isto é, coincide com a coisa na sua individual singularidade, para ser não sua representação, mas a voz interior. E o mesmo ocorre com o sentimento. Como os Gêmeos, por um instante, acreditam ser união sem mistura, assim a palavra tende por força intrínseca a ser um com a coisa, não a revelá-la simplesmente, mesmo permanecendo si mesma. E Ulrich, que volta aos místicos, pelos quais havia tido uma imediata compreensão, uma verdadeira *Vertrautheit*, uma confidente familiaridade, por intermédio da matemática e da lógica, da estatística e do ensaísmo, ou seja, na forma mais complexa e mediada imaginável, sabe bem qual término pode corresponder ao problema da relação contraditória entre o re-*velante* discorrer das palavras e a indecidível clareza em que parecem anular-se as forças separadoras («*die begrenzenden Kräfte*») a que estão sujeitas as relações humanas (II, *Scritti inediti*, p. 1367). Trata-se da *analogia*.[2] A analógica parece

2. Sobre a analogia deverá sempre se ver o grande trabalho de E. Melandri, *La linea e il circolo*. Bolonha: Il Mulino, 1968, onde, porém, falta o capítulo sobre Musil!

ser a única forma possível para exprimir essa relação. Mas a «conversão» a ela pelo ensaio é mesmo possível? O que significa analogia no âmbito do ensaio de Musil?

METÁFORA
E ANALOGIA

Podemos tentar responder à pergunta pelas palavras do *Discurso em honra de Rilke*, de janeiro de 1927 (*Saggi*, pp. 142 ss.). Na poesia de Rilke, o fato «*bemerkenswert*», digno de nota, é que «*das Metaphorysche*, o metafórico, é levado seriamente no mais alto grau». Levar algo «a sério» implica não o assumir segundo seu significado banal; portanto, *vulgo*, e por metáfora entendemos a implicação de diversos termos ou noções absolutamente incompatíveis sem que a comparação seja formalmente explícita. Poderia, então, parecer que em Rilke «tudo é metáfora»: todas as diversas esferas do ente, «separadas umas das outras pelo pensamento comum, parecem unificar-se numa única esfera». E, no entanto, «nada é só metáfora»; nenhuma coisa é, de fato, «comparada a outra, como se fossem duas coisas distintas e separadas, que assim permanecem». A alma sempre metaforiza, dizia Plotino; mas na metáfora, por mais audaciosa que seja, por mais aberto que resulte seu jogo, as dimensões entre as quais ela revela até as mais inesperadas afinidades se mantêm claramente perceptíveis na sua distinção, que de todo modo pode se recuperar. Em Rilke, ao contrário, o experimento, por assim dizer, não é reversível. A metáfora, «levada a sério», leva além de si mesma: o Metafórico já não é decomponível nos termos originários. O itinerário chegou a um estado novo da linguagem.

Grande é a energia criativa da metáfora e, no entanto, na sua predileção por parte do homem há algo tragicômico («*eine gewisse Tragikomik*»): ela dá sempre a impressão de que ele «não consegue ficar tranquilo no lugar onde se encontra». A metáfora permanece essencialmente signo de inquietação irresolvida. Na metáfora, as coisas ondulam umas em direção às outras, sem que se possam definir, e sua unidade não é senão o signo da ausência de uma reciprocidade autêntica. Metafórica nesse sentido é também, no seu cerne, a linguagem do ensaísmo. Mas Rilke parece indicar uma possibilidade ulterior: enquanto na metáfora as propriedades de uma coisa são utilizadas para designar-lhe outras, isto é, esta última é definida pelo que *não* é (todo juízo, nesse sentido, é uma espécie de metáfora), na «luz respirante e parada» de Rilke, na «*atmendes Klarsein*» das *Elegias de Duíno*, as propriedades de uma coisa se tornam realmente propriedades comuns de todas as coisas: «*Die Eigen-schaften werden zu Aller-schaften*». Tudo se implica, todo ente é em si comum, sua individualidade um multiverso. E a palavra de Rilke busca assim exprimi-lo: eis, esse ente, esse *Da--sein*, sem nenhuma remissão, sem aludir a outro, é tecido, é multiplicidade de temas e figuras. A inquietação já não remove para fora de si esse existir, já não o «aliena» no outro, mas *está* nele, exatamente como a policromia dos fios da trama de uma tapeçaria.

A compenetração *religiosa*, segundo o *étimo* do termo, das diversas dimensões do ser constitui o problema de *Viagem ao paraíso*, de *Rumo ao reino dos mil anos*. Trata-se de assumir o metafórico com seriedade rigorosa, levando-o ao próprio fundo — ao que ele não pode dizer. E aqui compreender se outra linguagem nos é dada. Se tivesse se detido no Metafórico, Musil teria «repetido», pelo menos no aspecto compositivo, D'Annunzio e Maeterlinck, e até Hofmannsthal. Não poderia fazê-lo, porque seu problema era outro, claro na sua enigmaticidade quase desde as primeiras ideias do romance: desnudar seu protagonista de toda qualidade-*propriedade*, para que pudesse, *em um* penetrar-acolher o outro, senti-lo em si e sentir-se nele, receber seu dom doando-se. Esse evento teria representado a conclusão «feliz» da obra:

cada um dos Gêmeos teria «reavido» o próprio e mesmo corpo plenamente determinado, *este singular*, e «a um só tempo eficaz por meio de si e da alma do mundo». São palavras de Novalis[1] (o poeta filósofo que Musil cita junto com Rilke[2]), e podemos definir como analógica essa via para a diferença com o Metafórico. A analogia não tende à comparação, mas antes tira a distinção da unidade pressuposta, tem início ao colocar a diferença entre as dimensões do ser que estão em confronto. Nomeia as coisas pelo que são. E, no entanto, justo nisso, colhe as propriedades dessa coisa como *Aller-schaften*, como comum a todas. A analogia é «antiteticamente sintética» (Novalis): enquanto a metáfora é uma síntese sempre disjuntível, um acordo aparente, a analogia estabelece uma diferença indisjuntível, é chamada a exprimir *em um* diferença e indisjuntibilidade. A metáfora mascara somente a diferença, que, afinal, não pode não se reafirmar. Enquanto a analogia é simbólica na sua essência, a metáfora, apesar da própria intenção, é *diabolus in musica*, faz emergir a

---

1. *Opera filosofica*, vol. I cit., pp. 490-91. Para um exame dos aspectos do pensamento de Novalis destinados a assumir particular importância na obra de Musil, cf. G. Moretti, *L'estetica di Novalis*. Turim: Rosenberg & Sellier, 1991.

2. E com Meister Eckhart! «A antiga sabedoria, de Eckhart a Novalis, fecundou celestialmente a vida espiritual alemã...» (*Diari*, p. 605).

dissonância no interior do próprio acordo. No entanto, essa simbolicidade da analogia pode fazer-se valer também para o problema que aflige Musil, ou seja, o da relação entre a instantaneidade des-veladora da experiência mística e a re-veladora discursividade da linguagem?

É precisamente essa a passagem impossível. A ela Musil alude ao longo de toda a obra. A ideia da metáfora como signo de inquietação insatisfeita se acha também em *O homem sem qualidades* (I, II, XXXVII) para caracterizar o habitante da Kakânia, «prático e realista». A Ação paralela inteira é, nesse sentido, exemplar daquela perpétua oscilação, daquele perpétuo buscar dizer uma coisa por meio de outra, que constitui o Metafórico. E Ulrich, de fato, quase decreta sua dissolução justamente ao revelar essa natureza. É quando, sentindo-se então «desamparado (*verlassen*)» no salão de Diotima e próximo, muito próximo de uma «resolução» (I, II, CXVI, p. 819), Ulrich avança «*einen unsinnigen Versuch*», *coloca à prova* o caso inteiro com uma insensata proposta: faça-se um inventário geral do espírito, faça-se de 1918 o ano do Juízo Universal para fechar as contas com o velho espírito, institua-se um secretariado para a exatidão e a alma com a tarefa, evidentemente, de medir-julgar as ideias inventariadas. A proposta desvela o sentido «comparatístico» da metáfora, do seu procedimento de amontoar imagens, de característica em característica. Quando essa essência da Ação é desnudada, resulta impossível ainda fingir sua realizabilidade. Coerentemente, o realista Leinsdorf cai na provocação do ironista, enquanto o homem das visões de mundo, Arnheim, compreende imediatamente a *crise* que se escancara: precisar a metáfora, querer medir sua exatidão, significa destruí-la. O Metafórico não é um jogo inventariável; só funciona até que lhe escondamos o «mau infinito», joguemos na contínua remissão, na alusividade ou no entusiasmo que crescem sobre si mesmos. O metafórico é *ars combinatoria* entre as diversas *propriedades* das diversas figuras, sem nunca conseguir colher *em uma* a forma do inteiro; o Metafórico é, por isso, precisamente a *Tragikomik* do romance — até a crise *de* Ulrich e que Ulrich impõe. O Metafórico é levado radicalmente a sério, o que significa: ou no sentido do seu puro e simples dissolver-se, do desnudamento de sua impotência constitutiva para exprimir a relação entre os distintos, a dar forma a sua uno-duidade, ou então no sentido da sua superação na forma da analogia. Nada é mais significativo do que o fato de, ao rebater, no ápice da tensão, a provocação de Ulrich, Arnheim confundir metáfora e analogia; é inevitável que isso ocorra, porque o Metafórico tende necessariamente a anular em si a analogia e, vice-versa, basta colocar-se o problema desta última para que a energia da metáfora se apague. É uma via sem retorno: as distintas realidades que compõem a metáfora evaporam diante da irrealidade da analogia. E é justo o desejo de irrealidade a mover esta última, contra o caráter sempre prático e convencional que a metáfora apresenta: a irrealidade da visão interior, a irrealidade do amor impossível pela qual ao sentir uma coisa a penetro e a re-encarno em mim, a irrealidade da palavra capaz de exprimir no que é perfeitamente único a forma do inteiro.

A tendência metafórico-alegórica é para Musil conatural ao tipo-Arnheim e reveladora de certa disposição moral: «fingir que uma coisa significa mais do que aquilo que honestamente lhe compete» (I, II, XC, p. 557); pela analogia, ao contrário, a uma coisa competem de fato as qualidades do inteiro. É essa a ideia que domina — ou que deveria ter dominado — as páginas de *Rumo ao reino dos mil anos*. Exprimir o sentimento *único* das *duas* árvores da vida, da visão côncava e a da convexa, da vista «que dá» e da vista «que toma», da «misteriosa bissexualidade da alma» — tudo isso se atém à dimensão da analogia (I, III, XXV, p. 332). Na analogia se guarda um resto do encanto («*ein Rest des Zaubers*») de serem iguais e não iguais. Só a analogia poderia, então, ser a língua do diálogo sacro entre aqueles que se querem Gêmeos, que querem amar-se como tais, *dois* na perfeita unidade de alma e corpo.

A clareza dessa relação deveria poder dissolver a sequela das cópias inautênticas que o romance colecionou: as cópias da mera contraposição ou da mera confusão, cujas *personae* sabem opor-se ou desejar indistintas uniões apenas entre elas. Os Gêmeos, ao contrário, miram a perfeita distinção na perfeita unidade — distinção por idade e por sexo, e, então, amantes, e a um só tempo mais do que irmãos. Extrema expressão, caso se queira, de um princípio de contradição,[3] que poderia também ser interpretado como ponto de chegada daquele princípio de razão insuficiente, do qual falamos no início.[4] Esse é o «encanto» que evoca a analogia.[5] Mas será possível também colocá-lo-em-imagem? Ou com o termo analogia não indicamos senão um sentimento inefável?

3. «Analógico: o que é contraditório pode também não ser verdadeiro, mas pode ser vivo. Temos em nós as contradições da vida» (*Diari*, p. 460). Todo Eu traz em si também um Eu-análogo, e os Dois são destinados a buscar uma impossível conciliação. Cf. J. Jaynes. *Il crollo della mente bicamerale e l'origine della coscienza* [1976]. Milão: Adelphi, 1984.

4. Em suma: *O homem sem qualidades* como grandiosa *Auseinandersetzung*, diálogo, colóquio, contraponto às *Afinidades eletivas*? Creio que sim — infelizmente, nos falta o ensaio de Walter Benjamim sobre o assunto!

5. Sobre o significado da analogia em Musil, insiste Claudio Magris no seu ensaio mais importante dedicado ao autor, «Dietro quest'infinito: Robert Musil». In: _____. *L'anello di Clarisse. Grande stile e nichilismo nella letteratura moderna*. Turim: Einaudi, 1984.

MÍSTICA E ANALOGIA

Claro, uma analogia é, de fato, vazia sem intuição. Mas a intuição (que é exatamente aquele ver «em», aquela visão da coisa do seu interior) não é talvez cega sem a representação analógica? Falta o *esquema* entre intuição e linguagem? Como é possível imaginar instantaneamente no discorrer das palavras um símbolo de alma e corpo, sentimento e mente? Mas uma analogia que se detivesse em pôr a diferença entre dimensões incomensuráveis do ser, e não também numa unidade sua, justamente por força daquela *absoluta* distinção, não seria uma analogia — nem uma metáfora —, mas apenas um híbrido extraordinário: uma linguagem que deseja em vão colocar-em-imagem a clareza da intuição mística, e que, no entanto, insiste no Metafórico bem no momento em que revela sua miséria. Essa linguagem, construída em torno de metáforas *contra* si mesmo, de analogias dramaticamente despedaçadas, de clarezas que se perdem no seu próprio exprimir-se, é o extraordinário experimento teológico-filosófico, e ao mesmo tempo compositivo-formal, que se realiza ao longo de todo o segundo volume de *O homem sem qualidades*, e até os esboços dos últimos anos.

Contra essa aporia se debate o romance: uma analogia dotada de efetiva potência simbólica, capaz de mostrar *em um* o dizível e o indizível da experiência do outro estado, é apenas pesquisável. Analógica é a pesquisa da analogia. Mas a pesquisa, qualquer tipo de pesquisa, é metafisicamente oposta ao princípio da imediata intuição. Essa aporia, na trama das contínuas variações que a exprimem, constitui, a meu ver, a verdadeira conclusão de *O homem sem qualidades*. *O homem sem qualidades* tem, por isso, uma conclusão, e é tão paradoxal quanto perfeitamente, exatamente representada. Não é aquela do outro estado; para o «valor» que sua ideia representa não existem proposições; a ele pode corresponder, talvez, só uma teologia negativa. A forma da analogia, no ápice da sua tensão, além da sua acepção propriamente teo-lógica, que é ainda discursiva, sempre que queira aplicar-se de verdade à «desmesurada clareza», vai *a seu fundo* e por isso ao fundo. Apenas saídos do «sentimento da noite», e sem quase advertir que isso contradizia a *Erlebnis*, a experiência vivente que «os havia arrastado» (II, *Scritti inediti*, p. 1368), os Gêmeos se separam de novo, de comum acordo, voltando cada um ao próprio *Si*. É daqui que iniciam seus diálogos, seu infatigável e obsessivo discorrer, seu compreender mal ininterrupto. Buscam reencontrar nas palavras, *analogicamente*, o dom daquela noite. Mas o dom não pode ser o objeto de uma invenção. No entanto, não têm outros caminhos, esta é a única possibilidade: «converter» seu diálogo em analogia — como se as palavras de um saíssem da alma do outro. Mas justo isso é impossível. As palavras falam da inquietação dos momentos, do hábito das horas, da «terrível potência da repetição» (*ibid.*, p. 1387). Nenhum símbolo, nos limites da linguagem, para a *ek-stasis* que os havia surpreendido e arrebatado. A linguagem, com toda sua potência metafórica, pode nos dar a ilusão de prepará-la, pode parecer-nos ascese a ela. Mas o êxtase não é um estado nem um devir. Não é possível construir uma *comunidade* do êxtase, uma *ekstatische Sozietät* — comunidade e, de fato, discurso, entre-entendimento, tradizer-trair, enquanto o êxtase quebra o contínuo temporal, esvazia-o, elimina suas «qualidades».[1] E aqui, com dolorosa lucidez, conclui-se o romance. Como um rio imenso que em direção à foz se divide numa multiplicidade de braços, para que pelo menos um possa achar o fim da sua corrida.

---

1. E. Castrucci, «Ekstatische Sozietät: note filosofico-politiche su Musil», *Rivista internazionale di filosofia del diritto*, LIV, n. 2, 1997.

Seria a linguagem do Místico aquela capaz de aguentar o peso da analogia? Seria o braço do Místico o único que pode desembocar num fim? Essa é a pergunta que os Gêmeos não cessam de colocar-se ao longo de suas leituras. Às vezes lhes parece poderem responder afirmativamente: a «ilha inexplorada» (Juan de la Cruz), inexplorada e inexplorável mesmo para os anjos, a Luz sem sombra lhes parece um rio ressonante, impetuoso, que envolve também nossas palavras, a *inopia magna* do nosso discorrer. Às vezes parece aos Gêmeos que se acendem faíscas, silvos, dessa luz. As palavras revelam, sim, e basta, mas seu revelar parece estar em analogia com sua fonte cristalina. Mas por que o Místico consegue dizer aquilo que para os Gêmeos continua a ser experiência inefável? Porque, para o Místico, até mesmo a analogia é um evento perfeito, apenas dom. Sua possibilidade está no fundamento de uma *fé*. Mas Ulrich e Agathe não creem. Eles podem *pensar* a fé somente como um possível. Mas pensá-la como um possível significa voltar à forma da mediação, da reflexão — e abandonar o «lugar» da intuição não apenas vislumbrado.

Assiste-se, então, a outra reviravolta. «Saído» do domínio do agir, das práticas metafóricas, do equívoco e do claro-escuro, através das utopias entrelaçadas do ensaísmo e da exatidão, para o outro estado, Ulrich toca o limite extremo da analogia, que é constituído pela sua forma *religiosa*. Apenas toca-o, sem poder de algum modo atravessá-lo. E descobre, então, um timbre da ironia profundamente diverso do que havia dominado por toda a experiência até a catástrofe da Ação: uma ironia, diríamos, *pura*, livre de todo acerbo desencanto, como em trépida espera de algo que sabe não poder alcançar nem definir, uma ironia piedosa em relação aos próprios limites e que se exercita sem crítica nem juízo nem acusação. Uma ironia «sem emprego». Ela determina a estrutura da última parte da obra, seja nos capítulos publicados, seja nos que permaneceram inéditos. Não é mais a ironia do ensaísmo, que procede ao longo dos labirintos da linguagem corroendo sua *hybris* logocêntrica, mas a ironia que nasce da dolorosa consciência de não poder adequar algum idioma à *Klarheit* da intuição, à clareza que, por um instante, ilumina a experiência e lhe dá sentido — ironia que exprime o luto pelo crepúsculo dessa *Klarheit* na indeterminação metafórica, que é ao mesmo tempo potência e miséria da linguagem.

Mas, se a analogia manifesta esse fundamento puramente religioso, também aquele «outro estado» ao qual Ulrich e Agathe acenam com o termo «amor» deverá resultar em nada mais do que «qualidade», propriedade somente de quem crê? É a essa pergunta que

Ulrich-Anders alude quando, então ao termo da viagem incompleta, se dirige a Agathe dizendo devagar: «entre duas pessoas sozinhas o amor não é possível!» (II, *Scritti inediti*, p. 1388)? O que significa querer encontrar a porta do paraíso sem crer em Deus? Ser louco? Ou talvez amar, também — mas claro que na separação e na distância, ou então naquela unidade da separação que é própria do Metafórico, em que viver um pelo outro equivale a viver um sem o outro (*ibid.*, p. 1390). Ou então, ainda, imaginar o próprio amor como o puramente inexprimível e assim *elevá-lo ao silêncio*.[2]

---

2. «A palavra serve só para as comunicações irreais. Fala-se nas horas em que não se vive. Não apenas falamos, fecham-se portas» (*Diari*, p. 869).

O AMOR DOS GÊMEOS

«Toda limitação é pecado», anota Musil nos materiais póstumos para a segunda parte do segundo volume (*De Angelis*, p. 79), referindo-se à experiência ek-statica dos Gêmeos. Mas só quem ama é capaz disso, porque só a ele é dado «não é que algo seja no mundo, mas um mundo em torno dele» (*ibid.*). E somente na forma da analogia se poderia corresponder a uma tal sensação de modo «justo» (porque a exigência de que sua história de amor seja «precisa» não abandona Ulrich em nenhum instante). A forma da analogia seria a de uma «Mística clara como o dia» (*ibid.*, p. 1090). «Mas pode-se sentir sem limites, sem objeto e sem egoísmo?» (*ibid.*) — e, com maior razão, pode-se dizer esse sentimento? A *ou-topia*, o não--lugar do outro estado pode «transfigurar-se» no lugar de uma forma de linguagem?

Ulrich anota: são muitas as espécies de êxtases; há êxtases delirantes-transbordantes e êxtases exauridos. Há o êxtase orgiástico, em que o Eu se precipita para a própria ruína «como para uma luz» (II, *Scritti inediti*, p. 722), e o êxtase, ao contrário, em que a ação se torna incerta e do «Eu não fica senão uma casca vazia». Inúmeras são as cores do êxtase, do abandono e da absoluta renúncia até a chama da mania entusiástica. Mas a essa fenomenologia falta justamente o que é caro a Ulrich: «a menção do primeiro e único estado da alma e do mundo que ele considerasse um êxtase, que pudesse ser igual à realidade (*ebenbürtig*, de igual altura, de valor igual)» (*ibid.*, p. 723). O ponto é essencial para compreender plenamente todo o sentido do romance e o desafio que envolve a escrita musiliana. Trata-se de descrever o sentimento de um êxtase que *se opõe* às formas do delírio, bem como do simples esvaziamento do Eu. Trata-se de um êxtase sóbrio, meditador, que se exprime com atenção lúcida, «profana». De um êxtase cuja *palavra* se faz tão aguda até penetrar a coisa e revê-la assim do seu interior. De um êxtase que supera a realidade sem ultrapassá-la. Essa é a «sedutoríssima exceção» que Ulrich gostaria de avaliar e explicar.

Esse êxtase que é *pura concentração*, «adquirido» da realidade inteira mergulhando no último amor («Não amarás outra mulher depois de mim, porque essa não é mais uma história de amor: é a última história de amor que pode existir!», pensa Agathe, *ibid.*, p. 589), metafisicamente oposta à «palavra de ordem» da *Schwärmerei* («redimir, *Erlösung*!»), o problema desse êxtase constitui aquilo que os «diálogos sagrados» *zelam*. Quanto maior é a exterioridade da inquietação, mais o movimento exterior da alma parece parado, tão mais esse problema corrói e escava do interior toda palavra. Cada uma tende àquele êxtase «igual à realidade», bate contra seus confins invisíveis e retorna, mais rica e desesperada, nos ritmos discursivos da meditação e do diálogo *entre dois*, entre os indisjuntíveis *nunca unidos* (*ibid*., p. 922). A forma da analogia quebrada (que é a grande invenção do poeta Musil) reaparece segundo variações mínimas, desenvolve-se numa urdidura de nuances quase imperceptíveis, para retornar sempre ao mesmo: a inteligência pode conseguir dizer as *duas* árvores da vida, os *dois* mundos do sentimento, pode compreender a indisjuntível distinção entre matemática e mística (II, III, XII, p. 145), mas nem pode ensinar a via da «composição do movimento interior» que parece testemunhada pelas grandes experiências místicas (*ibid*., p. 138), nem consegue analogicamente exprimir a luz que cintila por um instante.

A dificuldade essencial não consiste no fato de que o «outro estado» é atemporal e não se compreende, por isso, como pode ser narrado. Nem falta a clareza da distinção entre o Eu cartesiano e o «eu complexo dos místicos»

(*De Angelis*, p. 1308). Para exprimir, enfim, «o movimento universal da alma» na sua «incalculabilidade», para intuir como a mais simples palavra é um abismo de sentido, já possuímos uma linguagem bem conhecida: desde Nietzsche, Emerson, Bergson em parte, até mesmo Klages.[1] O verdadeiro problema consiste na forma da relação entre a pura dimensão *espiritual* do outro estado e aquela não obstante toda *psicológica* que domina as outras manifestações da alma. Que as duas dimensões sejam perfeitamente distintas não constitui senão a realização da inteligência ensaística. Mas do reconhecimento desse limite à possibilidade de dar forma a essa distinção, ao imaginar o sentimento comum do qual ela proviria, há um salto. Trata-se, em verdade, de percorrer uma ponte caída, quem sabe quando e como — e nenhuma dialética, nenhuma *ars combinatoria*, nenhum Metafórico pode subsituí-lo.

Ulrich e Agathe conversam suspensos sobre essa ponte caída. Parece-lhes que esta devia existir; esforçam-se para lembrá-la; constroem-lhe metáforas para suportar o esquecimento disso ou talvez para manifestar justamente seu esquecimento com ainda maior desencanto. Recusam obstinadamente tudo o que parece consolação,

---

[1]. Vejam-se todos os materiais recolhidos em *De Angelis*, Apêndice II, pp. 1239 ss.

a intuição que os impulsionou à última «aventura» exige plena realidade: vida verdadeira aqui e agora, vida feliz presente. Ter fé numa vida verdadeira futura é para eles, se não mentira, uma contradição de termos: se é verdadeira, deve ser real, deve ser indissociável daquela intuição. E, nesse sentido, com toda a evidência, Musil interpreta a figura de Jesus («o que Jesus ensinou não é fé, mas intuição», *De Angelis*, p. 1327). Crer em Deus deve significar *intuí-lo*; isso diz o testemunho dos místicos. Eles parecem *tocá-lo*; não devem crer nele, porque o amor deles o penetrou. Os Gêmeos buscam o mesmo *convencimento*, a mesma firme persuasão: *persuadir* a intuição que os fez como que renascer, ou seja, a faz durar, transforma-a num estado, paradoxal *outro estado* espiritual-temporal, paradoxal duração que não se desenvolve numa série de momentos-movimentos, mas na arcana percepção «de algo que ocorre sem que nada ocorra» (II, *Scritti inediti*, p. 785), de eventos que tomam a forma de puros cristais.

Uma voz inspira Agathe:

> é preciso estar absolutamente imóveis [...] não deixar lugar para nenhum desejo, nem àquele de fazer perguntas. É preciso desnudar-se também da prudência com a qual se cuida dos próprios assuntos. É preciso subtrair ao próprio espírito todos os instrumentos e impedi-los

de servir de instrumento. É preciso privá-lo do saber e do querer; é preciso libertar-se da realidade e do desejo de dirigir-se a ela. É preciso concentrar-se em si mesmo até que mente, coração e membros não sejam senão silêncio (*ibid.*, p. 780).

É o sopro, é o vento leve que revela Deus ao homem sem qualidades? Não, os Gêmeos usam as palavras da Escritura, sem poder *crer* nelas; eles *sabem* que o *nomen propinquius* do Reino é Amor; tocaram-no no seu «agora no jardim» (*ibid.*). Mas o amor que permite ao místico penetrar nesse reino é dom, não conhecimento. Toda gnose vive na insuperável contradição entre a atemporalidade da intuição e a paciente ascese iniciática. O *Geschwisterliebe* «dura» somente para a própria dissolução, seu amor permanece «*in der imaginären Richtung*, na imaginária direção para um amor sem vestígio de estranheza e de não amor» (II, III, XXV, p. 335). Uma direção, por isso, nunca um estado.

E isso não pode não ser para a atenção «profana» de quem não crê — e de quem crê e não crê a um só tempo. De quem crê, nietzschianamente, que seu juízo sobre alguma coisa seja regulado exclusivamente com base no critério de se «ela me rebaixa ou me ergue» (II, III, XII, p. 144), e não crê, no entanto, em poder demonstrar nada;

de quem exige o *unívoco* («de outro modo da vida não resta senão um tanque de carpas sem carpione»), mas crê que nada esteja realizado (*«Ich glaube, dass nichts zu Ende ist»*); de quem é «realista», e não crê, como Dostoiévski, que o bem possa inibir o mal e, ao mesmo tempo, «espera» o amor dos místicos e sua chama, que deveria fundir «todos os preceitos da nossa moral». Em outros termos, a Ulrich não pertence nem o crer nem o não crer: seu crer significa aniquilar todo «eu penso e por isso sou» e todo legalismo moral; seu «não crer», aniquilar toda ideia de realização, de resolução, de redenção. Um niilista por isso? Também, mas «um niilista que sonha os sonhos de Deus» — e junto um impaciente, um irremediavelmente inquieto, um «ativista», mas um «ativista» que busca dar forma justo a esses sonhos, e que pretenderia podê-los exprimir univocamente (II, *Scritti inediti*, p. 787). Em suma, ainda *um homem sem qualidades*, despossuído de toda qualidade e que agora, afinal, se conhece e se quer tal: sem *propriedade*, aberto, tanto quanto possível a ele, a ele, *privado de graça* — aberto ao im-possível possível, ao possível extremo, à experiência de amor.

Como narrar sobre o homem perfeitamente sem qualidade-propriedade, ou seja, sem nem a perfeição do absolutamente-sem? Ele está «em via», ele só tem algo «em comum», nada de próprio. Não possui — é possuído apenas por tarefas, por possíveis, da própria via. Ele percorre talvez a via dos místicos, mas sem ser pio, sem ser chamado, «sem crer em Deus e na alma, nem num além ou numa ressurreição» (II, III, XII, p. 132). Eckhartianamente, ele é «livre» também de Deus — não nega Deus, mas está «fora de Deus» (II, *Scritti inediti*, p. 585). É essa a «via moderna para Deus (*der zeitgemässe Weg zu Gott*)?!» (*ibid.*, p. 586)? Não sabe, não pode responder. Ele intui somente que sua vida gira em torno desse centro, que o vazio desse centro a suga toda. Ele sabe, para exprimi-lo com as palavras da «pura louca» do romance, Clarisse, «que o anel no centro não tem nada e, no entanto, parece que para ele é exatamente o centro o que conta» (I, II, LXXXIV, p. 504). Ou, então, em outras palavras, ele sabe que seu Deus não veio, é *erchomenos*, eternamente *Deus adveniens*, e por isso sabe também que é um «péssimo» católico: «Eu não creio que Deus tenha vindo, mas que deve ainda vir», mas acrescenta, como «ativista»: «Mas apenas se ele se tornar o caminho mais breve de tudo que tenha feito até agora» (II, III, XXXVII, p. 491). Permanece ironista-ensaísta contra sua vontade.[2] Mas seu pensamento é agora irônico em relação

2. Como Ulrich traduziria o *fiat* bíblico? «Façamos uma experiência...» E o diabo? O treinador que incita Deus a tentar sempre de novo, «a sempre novos primatas» (I, II, CII, p. 678). O «tornar mais breve» o caminho do *Deus adveniens-Messia* lembra as *Teses* benjaminianas de filosofia da história.

a suas próprias utopias, porque o problema que lhe é imposto com a presença indubitável daquele «agora no jardim» — a analogia entre visível e invisível, entre palavra e silêncio — é ensaisticamente indescritível, ou o *eschaton* im-possível dos seus possíveis.

Se indiferente a Deus é quem simplesmente não pensa, e o ateu como negador de Deus é pura contradição de termos, porque constrangido a pressupor bem aquilo que nega, Ulrich é «ateu» por ser «fora de Deus» — enquanto Deus, o *Deus adveniens*, é a possibilidade extrema, justo aquela que coincide com o im-possível. É essa a via *zeitgemässig* para Deus? É claro que para Ulrich só um pensar e um agir sobre ela orientados serão capazes de dissolver o encantamento das visões de mundo, os contrapostos idealismos que são a morte da ideia e da fantasia criativa.[3] É uma via *infinita* a Deus. Mas não será talvez a única que corresponde analogicamente a Sua própria infinitude? Ela, no entanto, é do mesmo modo empírica, e em duplo sentido: porque seu inexaurível fim é, misticamente, o próprio «tocar» Deus, e porque a todo instante é chamada a dar vida a configurações formais exatas e precisas. Seus passos «obedecem» à utopia da

---

3. P. Zellini, *Breve storia dell'infinito*. Milão: Adelphi, 1980, p. 29.

exatidão, quanto mais reconhecem mover-se inquietos no apenas *aproximar-se*, sem paz.

Assim o vazio «poder ser» do ausente se torna o centro da sua vida. Ulrich e Agathe estão em fuga para Deus. No início da sua fuga — Ulrich o afirma explicitamente quando de fato *decide* não retornar mais ao círculo da Ação — eles são felizes. Essas faíscas de vida feliz mudam de cor, logo em melancolia, na incurável melancolia da reflexão. A fuga para Deus pode até parecer, então, uma fuga para o suicídio (II, III, XXXI). Os «diálogos sacros» assinalam o limiar entre abandono místico e *cupio dissolvi*. Os Gêmeos insistem nisso, sem poder resolver-se — utopia dos indisjuntíveis nunca unidos. Mas nessa insistência dolorosa inventam palavras e formas, liberam fantasias e novas imagens — *in Deum*, para o Deus que nunca viram, escutaram, tocaram e nunca o poderiam, como em Seu louvor. Elevam suas palavras em direção a Seu silêncio.

VERSALETE

1. CLARA SCHULMANN *Cizânias*
2. JAN BROKKEN *O esplendor de São Petersburgo*
3. MASSIMO CACCIARI *Paraíso e naufrágio*
4. DIDIER ERIBON *A sociedade como veredito*
5. LOUIS LAVELLE *O erro de Narciso*

Composto em Argesta e Kepler
Impresso em Pop'Set Riviera Blue 240g/m² e Pólen Bold 90g/m²
Belo Horizonte, 2022